Comprendre et soigner son chien

J'AI LU

John Fisher

Comprendre et soigner son chien

TRADUIT DE L'ANGLAIS
PAR CLAUDE MALLERIN

Éditions J'ai lu

Titre original :
WHY DOES MY DOG...?
First published 1991 by Souvenir Press Ltd,
43 Great Russel Street, London WC1B 3PA

Adaptation : Atelier Brigitte Arnaud

Je voudrais dédier ce livre à tous ceux qui ont insisté :
À ma femme et à Liz, sa meilleure amie,
qui ont insisté pour être les premières citées.
À mon fils Jason, qui a insisté pour que je le mentionne.
À mes parents, qui ont insisté pour ne pas être mentionnés.
Et surtout à mes chiens, qui ne cessent d'insister pour que j'arrête
immédiatement d'écrire et que je sorte les promener !

SOMMAIRE

PRÉFACE

Le film se termine… J'aurais voulu voir la fin, mais le téléphone sonne et j'ai oublié de brancher le répondeur. Je parie que c'est quelqu'un qui vient d'être mordu, ou une dame dont le chien empêche le mari d'aller se coucher. Pourquoi les chiens choisissent-ils toujours les meilleurs programmes télévisés pour nous ennuyer ?

— Bonsoir. John Fisher à l'appareil.

— Monsieur Fisher, mon nom est Adrian Silvey. Mon vétérinaire m'a donné vos coordonnées.

Certainement pas à onze heures du soir ! pensé-je.

— C'est à propos de Zippy, notre jack russel de 7 mois. Il essaie de faire l'amour à Georges.

Résistant à la tentation de rétorquer que ce n'est certes pas là le comportement qu'on attend d'un terrier, je lui demande qui est Georges.

— Georges est notre chat. Nous avons fait suivre à Zippy des séances de dressage, mais nous ne pouvons pas l'empêcher de sauter sur le chat à la moindre occasion… Le problème est que Georges commence à aimer ça !

Curieusement, plus les gens téléphonent tard, plus c'est pour des raisons idiotes ! La plupart doivent attendre le soir pour m'appeler, ne voulant pas me déranger dans mon travail pendant la journée. Or mon travail consiste, entre autres, à dissiper les inquiétudes de ceux qui craignent que leur chien ne soit un pervers sexuel…

Pour en revenir à Zippy, il ne s'agissait que d'un cas parfaitement normal de dominance mâle, conjuguée à une forte poussée d'activité hormonale chez un chien qui devenait adulte. En l'absence d'une chienne, Zippy dirigeait ses pulsions sexuelles dominantes sur ce pauvre vieux chat. Ce manège inquiétait sérieusement M. Silvey. Je le rassurai en lui disant : soit Zippy perdrait cette habitude une fois passé l'âge ingrat, soit le chat se lasserait de ce traitement, et, comme seuls les chats savent le faire, il signifierait à Zippy de le laisser tranquille. Si le comportement de Zippy devenait trop embarrassant, s'il avait sa crise lorsque quelqu'un venait à la maison, un jet d'eau bien dirigé calmerait son ardeur. Si la famille recourait à ce moyen de dissuasion, il lui faudrait éviter d'arroser aussi Georges. Lorsque je raccrochai, le générique du film défilait sur l'écran.

Heureusement, je n'ai pas ce genre de coups de fil tous les jours. La plupart du temps, mes conversations téléphoniques ont trait à des chiens agressifs, destructeurs, des bêtes qui hurlent ou qui se mutilent parfois : un large éventail de comportements anti-sociaux inacceptables… Ce sont généralement des problèmes qu'il n'est guère possible de résoudre au téléphone ! Ils nécessitent un entretien avec la famille et supposent de pouvoir observer le chien dans des circonstances précises. Nous ne pouvons pas faire allonger les chiens sur le divan et leur demander s'ils ont été maltraités par leur mère !

La grande majorité des troubles traités par le comportementaliste ne sont en fait que des comportements normaux ayant le tort de se manifester au mauvais endroit et au mauvais moment... L'objectif de ce livre est d'expliquer quels sont les instincts qui amènent un chien à agir d'une certaine manière et de montrer comment il est possible de canaliser ces pulsions pour les rendre acceptables.

Posséder un chien, vivre avec lui devrait être un plaisir. Si la gêne et les problèmes qu'il vous cause gâchent ce plaisir, lisez-moi...

PREMIÈRE PARTIE

Thérapie comportementale canine

CHAPITRE I

QU'EST-CE QU'UN COMPORTEMENTALISTE ?

Mes clients canins ne sont pas tous névrosés, et leurs maîtres non plus, contrairement à la croyance selon laquelle il n'y a pas de mauvais chiens, mais seulement de mauvais maîtres...

Les causes des troubles comportementaux que l'on rencontre chez les chiens sont nombreuses. Mon travail consiste à découvrir pourquoi ils se conduisent ainsi, à établir un programme de modification du comportement et à apprendre à leur maître à l'appliquer !

Domaine relativement nouveau, la thérapie comportementale canine me semble avoir été vite acceptée. Bien sûr, il y aura toujours des réfractaires au progrès : la cohorte des « Je m'occupe de chiens depuis trente ans », dont la suffisance a valu à l'un de mes collègues cette excellente repartie : « Je respire l'air depuis aussi longtemps, mais cela ne fait pas pour autant de moi un chimiste ! » La rapidité avec laquelle cette nouvelle théorie s'est propagée est due aux résultats étonnants obtenus dans la modification du comportement des chiens à problèmes par ce type de thérapie, parfois en quelques jours seulement.

Les vétérinaires sont bombardés de questions relatives au comportement, anormal ou non, de leurs clients canins. Leurs salles d'attente sont pleines et ils n'ont guère le temps de déterminer les causes d'un comportement et de prescrire un traitement adéquat ; jusqu'à présent, ils n'avaient d'autre recours que d'envoyer dans un centre de dressage. Mais apprendre à un chien à venir aux pieds de son maître ne l'empêchera pas d'uriner ou de déféquer dans la maison !

Aujourd'hui, il est possible de discuter de tels problèmes en tête à tête avec des spécialistes disposant de temps et susceptibles, par leur expérience et leurs connaissances, d'offrir à leurs clients une aide réelle.

Je parlais avec un client du comportement agressif de sa chienne, un bull-terrier de 3 ans, lorsque je me suis rendu compte que ses pattes ne cessaient de trembler. Quand je lui demandai si c'était habituel, il me répondit par l'affirmative. Elle tremblait ainsi depuis qu'il l'avait achetée, à l'âge d'un an, et il avait cru que c'était une particularité de la race. Je lui demandai si elle s'était toujours montrée agressive à l'égard des autres chiens ; il confirma en ajoutant que cela avait empiré depuis quelque temps. Il me restait à savoir si ces tremblements s'étaient accentués dernièrement. Lorsque je lui posai la question, mon client admit, après réflexion, que c'était possible.

Chez le chien au repos, il n'est pas rare que certains groupes de muscles se contractent convulsivement, particulièrement si l'animal a eu la maladie de Carré ; mais les muscles de notre bull-terrier se contractaient sans arrêt, quoi qu'il fît. M'interrogeant sur la cause de ses tremblements et sur la part qu'ils pouvaient avoir dans l'agressivité de l'animal, j'ai contacté un de mes collègues. Il avait déjà eu deux cas de ce genre et, chaque fois, il s'agissait de troubles liés à l'alimentation.

Je prescrivis à mon client un régime de courte durée pour sa chienne et lui demandai de me prévenir dès qu'il constaterait la moindre amélioration. Trois jours plus tard, il m'appelait pour m'annoncer que les tremblements avaient complètement disparu et que l'agressivité de l'animal avait déjà considérablement diminué.

Tout ce qui affecte en permanence le système nerveux central influe également sur le comportement quand le système supporte une charge supplémentaire. C'est ce qui se passait pour cette chienne.

On peut résumer ainsi la différence essentielle entre l'approche comportementaliste et l'approche traditionnelle (le dressage) :

- le dresseur propose des techiques pour maîtriser un comportement ;
- le comportementaliste supprime la cause même du comportement, ne laissant donc plus rien à maîtriser.

CHAPITRE II

LES FACTEURS INFLUENÇANT LE COMPORTEMENT

L'alimentation

Nous savons que l'alimentation peut avoir une incidence sur le comportement d'un chien.

On dit souvent : « On est ce que l'on mange », sans vraiment comprendre le sens de cette phrase. Aujourd'hui, nous reconnaissons tous qu'une mauvaise alimentation, prise trop vite, influe par exemple sur les enfants en nuisant à leur concentration et à leur apprentissage. Les aliments doivent être agréables au goût, pouvoir se conserver et se préparer rapidement. C'est pourquoi ils contiennent fréquemment des arômes et des conservateurs.

La nourriture des chiens a également fait l'objet d'une véritable révolution, et l'industrie alimentaire canine brasse des milliards ! Le temps est révolu où l'on donnait les restes à son chien ; on choisit maintenant parmi une large gamme de produits. Mais comment savoir ce qui est le mieux pour nos animaux ? Si nous écoutons les fabricants, tout produit est bon pour n'importe quel chien. Si l'adage « On est ce que l'on mange » paraît justifié pour nous, nous l'appliquons rarement à nos animaux domestiques. Ils ne peuvent vous dire qu'ils ont la migraine lorsque vous leur donnez du lait, que les bonbons au chocolat les rendent irritables et agressifs ; que certains types de nourriture provoquent chez eux une allergie. Pour obtenir cette sorte d'informations sur les chiens, il est nécessaire de prendre conscience que le fameux adage s'applique également à eux, et d'observer leur comportement, en fonction de ce qu'ils ont bu ou mangé.

Un exemple : j'avais été contacté par un éleveur de rottweillers, désireux de connaître mon avis à propos d'un chiot qu'il avait vendu à des gens calmes, sans enfants. Le problème était le suivant : le chiot, âgé de 12 semaines, se mettait tout d'un coup, sans raison apparente, à courir dans la pièce et devenait soudain très agressif envers toute personne. L'éleveur et sa femme étaient venus le voir dans son nouveau foyer. Témoins de cette conduite, ils la trouvèrent anormale et contraire à la nature du chiot qu'ils avaient élevé. Les propriétaires de l'animal avaient suivi tous leurs conseils et avaient visionné une cassette vidéo sur le développement des chiens et le dressage des chiots.

L'éleveur, que je connaissais depuis longtemps et dont j'appréciais le jugement, était persuadé que ce chien n'était pas méchant et que ses nouveaux maîtres n'étaient pas non plus à blâmer. Je suggérai donc à la famille de m'amener le chien.

Ils arrivèrent tous au rendez-vous : la mère, le père, la grand-mère, l'éleveur, sa femme et le jeune rottweiller. Je n'en avais pas vu d'aussi beau depuis longtemps. C'était un chiot très sociable et plein de vie, qui ne présentait pas les signes précoces de dominance que je m'attendais à trouver chez un chien au comportement soi-disant agressif.

Lorsqu'on l'appelait, il arrivait aussitôt, joyeux mais avec soumission, tête basse et fuyant les regards. Tout en retenant l'animal, je demandai à son maître de l'appeler. Le chien commença par se débattre, puis finit par se résigner sans manifester la moindre agressivité. Je jouai un moment avec lui et le fis ensuite rouler sur le dos, le maintenant ainsi quelques secondes. Après une tentative pour se redresser, le rottweiller accepta de rester allongé, passif. Tout dans son comportement m'indiquait qu'il s'agissait d'un chiot affectueux, confiant, non d'un animal dominant. Pendant notre conversation, le chiot s'endormit aux pieds de son maître. Je ne pouvais constater l'agressivité de l'animal ; seule preuve : l'entaille sérieuse de cinq centimètres sur l'index du maître.

Je m'apprêtais à reconnaître mon impuissance quand je vis les pattes avant du chien se contracter, comme si une mouche venait de le piquer. Il se leva et se mit à mordiller ses pattes. Quelques minutes plus tard, il courait partout dans mon cabinet en grondant et en aboyant contre tous ceux qui se trouvaient sur son passage. Mais cette agressivité semblait surtout dirigée contre lui-même, ses pattes en particulier.

Je savais qu'on continuait à le nourrir quatre fois par jour et que ses maîtres suivaient les conseils alimentaires de l'éleveur, ce régime ayant réussi à tous les autres chiots qu'il avait élevés. Néanmoins, je soupçonnai son alimentation d'être la cause du problème : les contractions des pattes et le fait de les mordre sont la manifestation classique d'une réaction allergique. J'appris que le chiot se comportait de cette manière deux heures après avoir mangé, et que cela commençait toujours par une contraction des pattes. Apparemment, le chiot ne supportait plus dans sa nourriture certains ingrédients jusqu'à présent bien tolérés. On lui changea son alimentation et en vingt-quatre heures le problème fut résolu.

Techniques périmées de dressage

Dans le cas précédent, le chiot n'avait échappé à une sévère punition qu'en raison de son jeune âge. Un chien adulte qui se serait comporté de la même manière aurait été probablement soumis à un dressage fondé sur la punition. Il est curieux que l'on ait toujours recours à la punition pour dresser un chien : on ne fait là que punir le symptôme au lieu d'en établir la cause et de la supprimer.

Quand on considère les progrès considérables effectués dans le domaine de l'éducation, de la psychologie et de la médecine infantiles, il est regrettable de voir que, dans la majorité des clubs canins, on continue à utiliser des méthodes de dressage datant de plusieurs dizaines d'années, même si certains utilisent des techniques de plus en plus intelligentes. Il reste néanmoins beaucoup trop d'instructeurs de la vieille école, sincèrement convaincus de l'efficacité de leurs méthodes et qui persistent à les proposer. La vie moderne affecte d'une telle manière le comportement du chien domestique que cette forme de dressage ne peut pas vraiment résoudre ses problèmes.

Un de mes clients me dit avoir suivi des cours de dressage parce que son chien se montrait agressif envers ses congénères. À l'issue de ces séances, l'animal venait aux pieds de son maître, s'asseyait et se couchait aux

injonctions de celui-ci, jusqu'à ce qu'apparaisse un autre chien. Devenu sourd à tout ordre, il attaquait. En dépit du dressage, le chien était toujours aussi agressif. Le dresseur conseilla au maître, dès que le chien se battrait, de le ramener aussitôt chez lui, de l'enfermer dans un placard quelques heures et de ne pas lui donner à manger pendant une journée.
Même si vous n'avez qu'une connaissance rudimentaire du dressage des chiens, vous reconnaîtrez le ridicule en matière d'apprentissage de ces punitions prolongées et éloignées de ce qu'ils ont fait. C'est pourtant par ce genre de conseils que ce dresseur gagnait sa vie.
Un autre dresseur faisait la démonstration d'une méthode visant à empêcher un chien de monter dans les étages. Il le laissait gravir les marches, puis le saisissait à bras-le-corps et le jetait en bas de l'escalier. Au cours d'une de ces séances, le chien vint heurter de la tête un radiateur et perdit connaissance. Ce dresseur se vante du succès de sa méthode parce qu'aucun propriétaire de chien ne retourne le voir.
De telles pratiques sont moins rares que l'on ne pense. Plus de la moitié de mes clients ont essayé le dressage avant de consulter leur vétérinaire et de venir me voir. Il y a, bien sûr, d'excellents dresseurs, d'excellents clubs canins, et vous pouvez utiliser leurs services, à condition qu'ils vous soient recommandés par quelqu'un de confiance ! N'hésitez pas à demander conseil à votre vétérinaire.
Si les méthodes traditionnelles ne sont pas toutes aussi stupides et brutales, beaucoup peuvent avoir sur le comportement d'un animal un résultat contraire à l'effet souhaité. Prenons l'exemple d'un chien agressif et voyons ce que propose généralement un club canin.

On demande au maître de faire asseoir son chien à côté de lui, après lui avoir passé un collier étrangleur. On fait alors défiler des chiens devant l'animal ; toute réaction agressive est accueillie par un « NON » brutal et punie d'un coup sec tiré sur le collier. Le résultat est que, si le chien craint de se montrer agressif lorsqu'il se trouve au club, avec le collier étrangleur, il apprend à associer la punition à la présence d'un autre chien. Par conséquent, il poursuivra ses congénères dès qu'il en aura l'occasion. Ainsi, docile au club, l'animal sera doublement agressif à l'extérieur.
Voyons ce que les chiens peuvent apprendre par les méthodes brutales et stupides de certains dresseurs.

◆ *Cas 1*

Méthode
Le chien est enfermé dans un placard et privé de nourriture pendant un jour.

Effet de l'apprentissage
Le chien se dira : « Chaque fois que mon maître ouvrira la porte de ce placard, je prendrai la fuite. »

◆ *Cas 2*

Méthode
On laisse le chien grimper l'escalier, puis on le saisit à bras-le-corps pour le jeter en bas de l'escalier, de préférence contre un radiateur.

Effet de l'apprentissage
Chaque fois que le dresseur sera dans la maison, le chien se dira : « Tiens-toi à distance. Si les maîtres s'y mettent eux aussi, ne t'approche pas d'eux. S'ils essaient de t'attraper, défends-toi en mordant. »

Voilà la leçon que je tirerais si j'étais un chien, ne sachant pourquoi on me traite si mal.
Les chiens ne réfléchissent pas ; ils apprennent par une série d'expériences agréables et désagréables qui ne durent que quelques secondes. Ce qui nous permet de comprendre pourquoi, avec un collier étrangleur, tout en se montrant docile, un chien apprendra à détester les autres chiens qui l'approchent.
Dans le cas 1, le chien essaie de s'échapper chaque fois que son maître se dirige vers un placard.
Dans le cas 2, le chien cherche à éviter les gens, notamment ceux qui montent ou qui voudraient le prendre dans leurs bras.

Le problème posé par ces techniques périmées de dressage, encore largement employées, est le suivant : nous savons ce que nous essayons d'apprendre au chien, mais, lui, le comprend-il ?
C'est la question que nous devons nous poser avant d'entreprendre un dressage, quelle que soit la personne qui nous l'ait conseillé.
Je vais vous raconter ce qui est arrivé, il y a quelque temps, à une femme qui avait inscrit son chien, un animal affectueux mais particulièrement turbulent, dans un centre de dressage. Le premier soir, le chien traîna sa maîtresse dans le couloir et renversa une table pliante sur laquelle on servait le café. Après quelques minutes de confusion, tout rentra dans l'ordre, mais on enferma le chien et sa maîtresse dans un placard pendant toute la durée de la première leçon ! Elle ne revint pas, évidemment. Même si c'est là un cas extrême, cette anecdote montre bien que ceux qui se prétendent dresseurs de chien ne le sont pas forcément.

Influence du milieu

Je désire simplement que vous preniez conscience de la réceptivité des chiens à notre égard. Nous vivons dans une société de plus en plus compétitive où il faut courir, ce qui provoque une augmentation des maladies liées au stress. Nos animaux absorbent inconsciemment nos tensions comme une éponge. Les chiens surtout sont très sensibles à nos humeurs et à nos émotions, même s'ils nous accueillent toujours avec joie. Il est médicalement prouvé que caresser un animal familier ralentit nos battements de cœur et réduit notre tension. Donc, les chiens nous font du bien, plus encore aujourd'hui que par le passé. Mais leur faisons-nous du bien ? Ce poids dont nous les chargeons, sans y prendre garde, affecte-t-il leur conduite ?

Avant de pouvoir répondre à cette question, il est nécessaire d'en aborder deux autres, d'une importance capitale : Les chiens sont-ils aussi sensibles à nos émotions que nous le croyons ? Notre attitude envers eux a-t-elle changé ?

L'ATTITUDE DES CHIENS ENVERS NOUS

Nombreux sont ceux qui ont déjà lu des récits où la conduite des chiens laisse à penser qu'ils ont un sixième sens. Il ne faut cependant pas oublier que, chez le chien, les sens dits traditionnels sont particulièrement développés, notamment l'odorat, l'ouïe et la vue, avec une vision périphérique plus importante que la nôtre et une capacité plus grande à capter un mouvement. Mais cela ne suffit pas à expliquer certains exploits qui leur sont attri-

bués ; nous pourrions nous demander s'ils n'ont pas un sixième sens ; mais là n'est pas mon propos. Mon intention est seulement de montrer quels rapports le chien établit avec nous et quelle est sa place dans la famille.
Les chiens peuvent-ils, comme nous, sentir une certaine tension dans la pièce où nous sommes ?
Notre conduite change en fonction de l'atmosphère. En supposant que les chiens aient une sensibilité identique à la nôtre, comment se manifeste-t-elle ?

Mon expérience me permet d'affirmer qu'un chien, même si nous le considérons seulement comme un animal de compagnie, sent qu'il fait partie d'un groupe, d'une bande, au sein de laquelle il assigne à chacun une place selon une hiérarchie personnelle. Si nous demandons à une famille de cinq personnes possédant un chien quelle place elle accorde à celui-ci, ce sera toujours la sixième place alors que, dans la plupart des cas que je traite, le chien serait le numéro deux ou trois, parfois le numéro un.
Le chien est membre à part entière de la famille, non un élément ajouté, rapporté, comme certains ont tendance à le considérer. Appartenant à la famille, il se sent concerné par la vie quotidienne de celle-ci. Il suffit d'observer la réaction de votre chien lors d'une dispute pour vous rendre compte qu'il en est affecté.
Lors de scènes continuelles, on a vu des chiens réagir bizarrement : déféquer sur le lit, sur la table, sur le linge. Dès qu'un enfant se comporte ainsi, nous pensons qu'il a un problème psychologique et qu'il demande de l'aide ; mais lorsqu'il s'agit d'un chien, nous estimons qu'il doit être dressé.
J'ai eu affaire au cas d'un berger allemand de 3 ans, nommé Guinness, qui vivait au sein d'une famille avec

trois enfants : une fille de 21 ans, une autre de 19 ans, un garçon de 18 ans. Entré dans la famille à l'âge de 8 semaines, Guinness s'était toujours montré un chien parfait. Un jour, sans raison apparente, il avait attaqué la fille de 19 ans ; une autre fois, il l'avait poursuivie dans l'escalier en la mordant profondément à la jambe. S'il n'était pas resté parfaitement docile avec les autres membres de la famille, on l'aurait fait piquer.

Lorsque je vis Guinness avec la famille, il m'apparut aussitôt qu'il y avait manifestement un problème entre cette jeune fille et lui. Calme en présence des autres et de moi-même, il se tendait dès qu'elle faisait le moindre mouvement ou se mettait à parler. Il ne cessait de la surveiller. Je flairais un autre problème, que je compris au bout d'un certain temps. Il régnait entre la fille et la mère une tension, dont je détectai différents signes : la façon dont elles évitaient de se regarder, la crispation du visage de l'une quand l'autre parlait, la distance qu'elles mettaient entre elles. Plus je les observais, plus cela me sautait aux yeux

Bien qu'ils m'aient affirmé qu'il n'y avait pas entre eux d'autres frictions que les chamailleries habituelles, je décidai de chercher ce qui pouvait faire naître un conflit. Après quelques instants de débat auquel chacun participa, le fils déclara :

— Il va falloir le lui dire, car je suis sûr qu'il se doute de quelque chose.

Son intervention nous fit gagner beaucoup de temps. Depuis plusieurs semaines, sa sœur voulait quitter la maison pour aller vivre avec son petit ami. La mère, qui n'aimait pas du tout ce garçon, était opposée à son départ. L'atmosphère était devenue électrique entre elles. Ayant senti que la fille était la cause de cette mésentente familiale, Guinness se comportait comme la mère aurait voulu le faire : il faisait preuve d'autorité pour l'empêcher de partir.

Le chien qui s'attribue un tel rôle s'implique dans la vie relationnelle de la famille au point de se considérer comme un membre à part entière. Malheureusement, par ignorance de ce comportement, beaucoup ont fait piquer leurs chiens qui s'étaient conduits de la même façon. Si triste soit-il, c'est sans doute la seule chose à faire lorsque de jeunes enfants courent un risque. Et pourtant, si l'on regardait les choses du point de vue du chien, beaucoup de problèmes seraient résolus.

NOTRE ATTITUDE ENVERS LES CHIENS

Certains décident de prendre un chien parce qu'il est de bon ton pour une famille d'avoir un animal domestique. Ce n'est pas toujours la seule raison...

Dernièrement, un couple est venu me voir pour me demander de le conseiller dans le choix d'un chien. Ces gens-là n'aimaient pas les chiens, mais en voulaient un pour leur fils de 6 ans. Ayant tous deux un travail très absorbant, ils faisaient souvent garder l'enfant, qui s'était mis à mouiller son lit la nuit et à se montrer turbulent dans la journée. Le docteur leur avait conseillé d'offrir un chien à leur fils, de façon à responsabiliser l'enfant et à lui donner une compagnie. Loin de saisir l'allusion et de décider que la présence des parents était plus importante que celle d'un chien, ils n'envisagèrent pas un seul instant, tant ils étaient pris par leur travail, de consacrer plus de temps à leur enfant.

Je refusai de les aider et leur déclarai que, s'il existait de plus en plus de docteurs qui perçoivent la valeur thérapeutique des chiens en tant qu'animaux de compagnie, ceux-ci ne devaient pas être placés chez des gens qui ne les aimaient pas, encore moins remplacer les parents défaillants ! Ils prirent quand même un chien, auquel il fallut trouver d'autres maîtres au bout de quelques semaines, car il commençait à se montrer agressif avec le couple, pas avec l'enfant. Je comprends ce que ce chien ressentait. Malgré la tristesse de la situation, je trouve fascinant de voir avec quelle rapidité l'animal avait absorbé l'agressivité du petit garçon à l'égard de ses parents.

Bien sûr, c'est là un cas rare, mais il est fréquent d'utiliser les chiens comme substituts. Pendant des années, le schéma classique de possession d'un chien était : se marier, avoir des enfants, avoir un chien. Maintenant, dans un couple, l'homme et la femme ont souvent chacun leur travail. Considérablement modifié, le schéma devient : se marier (peut-être), prendre un chien, avoir des enfants, se débarrasser du chien...

Comme le besoin de s'occuper d'un être vivant semble être un trait inhérent à la nature humaine, un couple pourra avoir un chien qui tiendra lieu d'enfant. Mes clients sans enfants entretiennent avec leurs chiens un rapport complètement différent de celui des parents élevant leurs enfants.

Cela n'en fait pas pour autant de mauvais maîtres. Si cela avait été le cas, ils ne se seraient pas donné la peine d'aller discuter de leurs problèmes avec le vétérinaire et de venir ensuite me consulter. Une fois qu'on leur a expliqué que leur attachement à leur chien est la cause de leurs problèmes, ils s'évertuent à arranger les choses, généralement avec succès, car ils n'ont pas autour d'eux d'enfants pour les détourner de leurs tâches. Puis vient le bébé, dans une maison où le chien a toujours été le centre de l'attention. Sensibilisés par les médias, à travers les faits divers, aux dangers que constitue un chien méchant pour un jeune enfant, les parents s'inquiètent, à juste titre, et la tension s'installe dans leur ménage. Tout regard oblique jeté au chien est mal interprété et l'animal devient l'objet de disputes. Un psychologue dirait probablement que beaucoup de scènes de ménage sont causées par le sentiment d'une perte de liberté, par la frustration que représente l'abandon ou l'interruption d'une carrière, par l'angoisse que l'on éprouve à être soudain parent, par une dépression postnatale, et d'autres formes de stress du même genre. Quelle qu'en soit la raison, le chien en prend pour son grade. On le soupçonne même de mauvaises intentions à l'égard du bébé, à l'arrivée de celui-ci ; si le chien parvient à rester dans la famille, il risque d'en être chassé lorsque l'enfant commencera à marcher à quatre pattes. On lui trouve généralement de nouveaux maîtres ; il est très rare qu'on le fasse piquer, peut-être à cause des remords que susciterait une telle mesure, disproportionnée à la réalité du danger. Dans ce schéma, de plus en plus courant, les chiens sont les premiers à souffrir des changements de notre vie.

Un retraité et son épouse sont venus me voir, parce que leur chienne, un beagle de 2 ans, avait pour habitude de s'enfuir dès qu'ils lui ôtaient sa laisse. La femme, qui s'était chargée du choix de l'animal, avait passé beaucoup de temps à chercher le chien idéal. Elle en voulait un qui ne laisse pas des poils partout, qui ne fasse pas de bêtises dans la maison, qui ne soit pas trop gros et qui soit déjà propre. Comme ce couple n'avait jamais eu de chien ni d'autre animal domestique auparavant, la femme avait préféré prendre une chienne, ayant entendu dire que les chiennes étaient plus dociles que les chiens.

Je m'interroge toujours sur les motifs des gens qui attendent aussi longtemps pour prendre un chien… Il y a les couples qui renoncent à en avoir un, car leur travail ne leur permet pas de bien s'en occuper. Ceux-là, qui ont généralement eu un chien auparavant, prennent alors un chat, qui demande moins d'attention.

Voici les deux questions que je me posai sur le couple venu me consulter : Pourquoi avait-il décidé d'avoir son premier animal domestique aussi tard ? Pourquoi le mari n'avait-il pas eu son mot à dire dans le choix de l'animal ?

La réponse à la première question était simple : le mari comptait faire de longues promenades dans la campagne, lorsqu'il serait en retraite, mais craignait que les voisins, notamment les jeunes filles, ne trouvent suspectes les promenades solitaires d'un homme de son âge. De le voir avec un chien les tranquilliserait, pensait-il.

Au départ, mon client ne voulait pas vraiment d'un chien, même s'il avait fini par se prendre d'affection pour l'animal. Il ne voulait qu'un laissez-passer ; il avait donc laissé sa femme choisir l'animal, ce qu'elle avait fait d'un point de vue pratique. Si l'homme s'était adonné au golf ou au jardinage, ce couple n'aurait jamais envisagé de prendre un chien. Ses rapports avec sa chienne n'étant pas naturels, l'homme n'avait jamais fait aucun effort pour la dresser : il attendait automatiquement qu'elle fasse ce qu'il lui disait. La chienne aurait probablement obéi si elle avait senti un quelconque lien entre eux. Un chien non dressé ne reviendra pas de lui-même vers un maître qui, inconsciemment, le considère comme un accessoire.

Tout dresseur professionnel d'animaux ou tout enseignant vous dira que, si vous n'établissez pas un lien affectif avec votre élève, vous perdez votre temps. Or il y a entre l'homme et le chien un lien émotionnel très fort. Vous ne pouvez nullement cacher ou déguiser vos émotions à l'égard de votre chien : il lit en vous. Contrairement à ce que l'on pourrait croire, mes clients n'étaient pas sans cœur mais victimes d'un contexte social. Leur décision d'avoir un chien n'était pas motivée par un réel désir, seulement par des considérations d'ordre purement pratique. Je rencontre des problèmes similaires, de plus en plus fréquents, chez ceux qui prennent un chien comme instrument de dissuasion de cambrioleurs et d'agresseurs en tout genre.

Chacun devrait se poser cette question : Si ce n'était pas pour me protéger, aurais-je un chien ? Après avoir mûrement réfléchi, si votre réponse est non, les difficultés que vous rencontrerez seront insurmontables. En pareil cas, je donne aux maîtres des conseils pour résoudre le problème, mais en précisant : comme sa cause est que l'animal n'a pas été désiré pour lui-même, les chances de réussite sont faibles.

La pression qu'exerce sur nous le principe commercial « consommez maintenant, payez plus tard » a toutes sortes de répercussions. En proie à nos ambitions personnelles, aux soucis, au besoin de gagner toujours plus et d'aller sans cesse plus vite, nous communiquons moins les uns avec les autres, bien que nous en éprouvions le désir.

Le besoin de paraître, comme celui de communiquer, malgré la peur que nous en avons, sont deux éléments déterminants dans les changements qui se produisent au sein de la relation homme-chien.

De plus en plus de gens achètent des chiens qui reflètent leur caractère ou leur mode de vie. La proportion de ceux qui acquièrent des chiens de race a considérablement augmenté par rapport à ceux qui possèdent des

bâtards. Inconsciemment, beaucoup se servent de leurs chiens pour établir un contact avec leurs semblables. Voyagez seul dans le métro, personne ne vous adressera la parole. Voyagez avec un chien, on s'intéressera à lui et on se mettra à vous parler. La conversation s'engagera encore plus facilement si vous possédez un chien d'une espèce rare et d'un prix élevé, comme un barzoï ou un lévrier afghan, car on voudra connaître sa race.
Garder en appartement ou dans une maison des chiens élevés depuis des générations pour accomplir des tâches spécifiques à l'extérieur peut poser des problèmes. L'exemple le plus courant est celui du border collie, un beau chien de berger dont la popularité va croissant. Travailleur infatigable, il se mettra à diriger et à mordre ses maîtres s'il n'est pas stimulé par son environnement. C'est pourquoi on le classe parmi les chiens à problèmes ou agressifs, alors qu'il n'est généralement ni l'un ni l'autre. Ce n'est qu'un chien doté d'un puissant instinct qui se trouve refoulé lorsque son maître lui impose une vie non conforme ; vouloir supprimer cet instinct, génétique, est une tâche impossible.
Posséder un chien pour communiquer avec les autres, pour arborer son statut social, pour se protéger sont autant de mauvaises raisons qui relèvent de notre mode de vie moderne.
Il ne fait aucun doute que ce que nous faisons porter à nos chiens aujourd'hui affecte leur conduite.

CHAPITRE III

LE CHIEN AUJOURD'HUI

Considérer le chien comme un membre à part entière de la famille au sein de laquelle il vit n'avait jamais posé de problème, car il passait en dernier, non parce qu'il était le moins aimé, mais pour de simples raisons financières et pratiques.

Maintenant, l'amélioration de notre niveau de vie profite à notre chien. Les privilèges supplémentaires que nous lui accordons, sans même en être conscients, lui font croire qu'il occupe une place plus importante. Et, il en va pour les chiens comme pour les humains : plus élevée est votre position, plus grandes sont vos responsabilités.

Dans une meute de chiens, celui qui dort en marge du groupe, et dont la liberté de mouvement sur le territoire est restreinte par les autres, se situe en bas de l'échelle. Le chien descend du loup et en a hérité ce sens naturel de la hiérarchie. Il y a une trentaine d'années, les gens n'avaient pas le chauffage central et chauffaient chaque pièce séparément, ce qui obligeait à garder les portes fermées pour conserver la chaleur. Limitées de ce fait, les allées et venues du chien pouvaient être plus facilement contrôlées. C'est dans la cuisine, où il dormait, et dans le jardin qu'il passait le plus de temps.

Aujourd'hui, la plupart des maisons étant équipées du chauffage central, nous ouvrons nos portes, laissant au chien une totale liberté de mouvement. Il peut ainsi occuper tous les postes stratégiques : le haut des escaliers, d'où il peut observer son monde ; le seuil de chaque pièce, gênant ainsi le passage, particulièrement le seuil de la porte d'entrée, emplacement idéal pour garder la maison. Il occupe nos chambres, nos lits, nos chaises, méprisant la couche que nous lui avons installée dans la cuisine, affirmant ainsi son importance : « Moi, je dors là où il me plaît, mais personne ne dort sur ma couche. » Et nous le laissons faire, car il nous est plus facile qu'autrefois de remplacer nos fauteuils ou nos canapés.

En vivant dans un cadre plus ouvert et plus confortable qu'autrefois, nous accordons inconsciemment à nos chiens une place plus importante. Avant l'essor de l'industrie agroalimentaire destinée aux animaux domestiques, le chien était nourri de nos restes. Nos connaissances actuelles nous permettent de dire que c'était probablement là une alimentation mal équilibrée. Mais pour qu'il y ait des restes, il fallait d'abord que la famille mange. Elle reléguait de ce fait, sans le vouloir, le chien à une place inférieure...

Aujourd'hui, beaucoup ont tendance à nourrir leur chien avant eux, de façon à éviter qu'il ne vienne quémander pendant les repas, ce qui ne l'empêche pas de le faire ! Avec cette immense gamme d'aliments prêts à consommer, nourrir le chien ne prend plus guère de temps, mais ses maîtres préfèrent s'être acquittés de cette tâche avant de dîner ou de regarder la télévision.

L'usage généralisé de la voiture a aussi une conséquence importante pour le chien. Il n'y a pas si longtemps, la mère accompagnait ses enfants à l'école à pied, avec son chien en laisse, généralement un bâtard. L'animal était ainsi stimulé par des promenades régulières, au cours desquelles il rencontrait des enfants, des adultes et d'autres chiens. On l'attachait devant les magasins ; les passants le caressaient et lui parlaient.

À l'époque, n'étant pas obsédés par les vaccins, nous sortions nos chiens beaucoup plus jeunes. Des recherches ont montré qu'une sociabilisation dès le premier âge est indispensable à l'équilibre du chien.
De nos jours, on conduit ses enfants à l'école en voiture et l'animal se retrouve isolé à l'arrière, parfois derrière un grillage. Quand on va faire ses courses au supermarché, on le laisse enfermé à l'intérieur du véhicule, même en sous-sol de parking. On ne le sort de la voiture que pour l'amener au « coin toutou » à proximité, exclusivement prévu pour qu'il y fasse ses besoins et on le ramène aussitôt à la maison.
Voilà des chiens, dotés de capacités innées pour le travail, qui sont réduits à l'inactivité. Ils vivent dans un environnement radicalement différent de celui de leurs ancêtres, où les privilèges que nous leur accordons leur confèrent une place plus importante que celle qu'ils avaient autrefois.
En plus de tous ces changements, le chien, aujourd'hui, se voit confronté à une montée d'hostilité à son égard. Nous risquons d'en arriver à un point où il ne pourra plus aboyer sans être taxé d'agressivité. J'ai eu plusieurs fois cette année à expertiser, dans un cadre judiciaire, le caractère et le comportement de certains chiens.
De peur d'avoir des ennuis, les propriétaires hésitent de plus en plus à promener leurs chiens dans les lieux publics, renonçant parfois à les sortir, surtout quand ils disposent d'un jardin où ils peuvent lâcher l'animal. Mais si celui-ci n'est pas sociabilisé, les problèmes que les maîtres cherchent à éviter ne feront qu'augmenter. Face à une situation nouvelle, le chien manquera de confiance en lui. Or, c'est le plus souvent ce manque de confiance qui l'amène à mordre, et il faut savoir que tout chien peut mordre !

CHAPITRE IV

DÉTERMINER LES CAUSES D'UN COMPORTEMENT

Avant d'établir un programme de modification du comportement, il est important de prendre en compte tous les facteurs : le comportementaliste doit analyser chaque détail de l'histoire du chien, étudier ses moindres habitudes, depuis son alimentation jusqu'au lieu où il dort. Sinon, il court le risque de passer à côté d'un élément essentiel permettant d'expliquer sa conduite, si insignifiant qu'il puisse paraître au premier abord.

Pour analyser les causes d'un comportement canin, il est nécessaire d'avoir un certain nombre de renseignements préalables. Nous poserons donc ces questions...

À quel âge le chiot a-t-il été séparé de la portée ?

L'âge idéal est 7 semaines. Plus tôt, le chiot n'aura pas eu le temps d'apprendre à être un chien et risquera de trop s'attacher à nous. Après 9 semaines, trop attaché à ses congénères, il lui sera plus difficile de s'adapter à un environnement humain.

À quel âge le chiot a-t-il été mis pour la première fois en contact avec le monde extérieur ?

S'il est courant de tenir les chiots à l'écart des autres chiens et des lieux publics tant qu'ils ne sont pas vaccinés, si ces précautions sont importantes pour leur santé, une isolation prolongée nuira à leur équilibre. Les vaccins actuels permettent de les mettre en contact avec le monde extérieur dès qu'ils ont 12 semaines. C'est donc entre 12 et 18 semaines qu'il faut faire connaître au chiot d'autres chiens, d'autres adultes. Si tout est fait pour lui rendre cette expérience agréable, le chien ne devrait pas avoir de problèmes plus tard. Au-delà de ces 18 semaines, chaque jour qui passe rend plus problématique la sociabilisation de l'animal, qui ne développera jamais tous ses potentiels. Rien ne remplace les expériences effectuées dès le plus jeune âge ; toute découverte concernant cette période nous apprend beaucoup. Souvent c'est à ces premières semaines que remonte la cause d'un problème : timidité excessive, peur de l'agression, refus d'obéir... Comprendre l'origine d'un comportement nous aide à faire face puis nous permet de l'améliorer.

En quoi consiste l'alimentation du chien ?

Chaque fois que le chien manifeste des troubles du comportement après un changement d'alimentation, il est facile d'établir un rapport de cause à effet. Même si un chien a bien supporté une nourriture pendant longtemps, on peut l'incriminer. Dans certains cas, le corps a mis en place des défenses pour résister à un allergène, mais à un moment donné ces défenses tombent et des problèmes en résultent. Certains indices nous prouvent que l'alimentation joue un rôle dans la conduite du chien. Ainsi, le chien pourra se mordiller furieusement les pattes, ou se frotter avec les pattes les yeux et les oreilles, ou se gratter le poitrail et le ventre, ou encore se mordre le bout de la queue : ce sont des symptômes d'une réaction allergique. Il peut y avoir une raison, mais si le chien se gratte de cette façon à des moments précis de la journée, c'est son alimentation qui devra être mise en cause.

Cherchez à savoir :

- si le chien est en mauvaise santé, s'il souffre en permanence d'allergies dues à l'herbe ou aux puces ;
- s'il souffre de flatulence ;
- si ses selles sont de consistance variable, parfois fermes, parfois liquides ;
- si la quantité et l'odeur de ses selles dépendent de la quantité de nourriture absorbée ;
- s'il mange voracement sans apparemment prendre de poids ;
- s'il a trop ou pas assez d'énergie ;
- s'il boit beaucoup d'eau ;
- s'il a un beau pelage ou s'il perd constamment ses poils ;
- s'il mange régulièrement de l'herbe, des brindilles, des mouchoirs en papier...
- s'il ingurgite ses propres excréments ou ceux des autres chiens.

Chaque détail isolé peut indiquer un problème autre qu'alimentaire, mais si plusieurs se conjuguent, on devra soumettre son chien à un régime, que l'on demandera au vétérinaire.

Quelles sont les habitudes quotidiennes du chien ?
Qui s'en occupe dans la famille ?

Il faut savoir qui sort le chien, qui le nourrit, à quelle heure il mange, à quelle heure ses maîtres prennent leurs repas, où le chien aime se reposer... On doit observer son attitude à l'égard des visiteurs comme des maîtres. Se précipite-t-il vers leur chambre le matin ou reste-t-il couché, attendant qu'on s'intéresse à lui ? Comment accueille-t-il chaque membre de la famille au retour du travail ou de l'école ? Les réponses à ces

questions vous montreront le rôle du chien et vous serez surpris de découvrir qu'il les accueille différemment !
La consultation familiale est l'outil le plus précieux dont dispose le comportementaliste. La plupart du temps, c'est la première fois que la famille se trouve réunie pour parler de son chien. Les renseignements obtenus au cours de la conversation peuvent être révélateurs et aider à mieux comprendre l'animal, premier pas vers une amélioration des relations.
Au fur et à mesure de la séance, se dessinera un portrait de l'animal que compléteront les réponses à ces autres questions...

Comment se comporte le chien ? Trop attaché ? Agressif ?
Bien qu'il soit impossible d'établir une classification des troubles comportementaux, l'attitude des chiens pendant une consultation aide à reconnaître si le problème est dû à un attachement excessif de l'animal pour ses maîtres ou à une manifestation excessive de dominance.
Les chiens trop attachés à leurs maîtres ne peuvent supporter qu'on les laisse seuls et causent d'importants dégâts : ils salissent la maison, se mettent à gémir, à aboyer, grattent sous les portes ou aux fenêtres pour tenter de retrouver leurs maîtres ; dans des cas extrêmes, certains s'automutilent. Ce type de chien suit son maître ou sa maîtresse de pièce en pièce, essaie même d'entrer avec lui ou avec elle dans les toilettes. Il dort souvent dans la chambre, généralement parce qu'il fait des scènes dès que l'on tente de l'en chasser.
Les chiens agressifs, trop dominants, toujours prêts à défendre leur territoire, tirent sur leur laisse, cherchent à s'enfuir, sautent sur les gens, notamment les visiteurs, et montrent un manque total de contrôle, décrit par certains comme un trop-plein d'énergie. Généralement,

ces chiens se voient accorder par leurs maîtres tous les privilèges qui témoignent de leur importance. Lâchés dans mon cabinet, ils vont et viennent entre mon client et moi, grattent à la porte, renversent ma corbeille à papiers, essaient de sauter sur les sièges et aboient au moindre bruit. Lorsque ce chien agressif finit par se coucher, ce n'est pas à côté de ses maîtres, mais au beau milieu de la pièce ; ou il reste posté devant la porte.

À quel dressage le chien a-t-il été soumis ?

Avant de venir me voir, beaucoup de mes clients ont eu recours au dressage pour tenter de résoudre leur problème. Le plus souvent, les méthodes employées n'ont fait qu'aggraver les choses au lieu de les arranger : ce que le chien retient est sans rapport avec ce qu'on voulait lui apprendre ! Le cas suivant montrera combien il est important de savoir exactement ce qui a été tenté.

Lucy, une bâtarde de 3 ans, était dans un piteux état quand sa maîtresse actuelle était allée la chercher à la SPA, qui l'avait retirée à ses premiers maîtres. Ayant recouvré la santé, Lucy présentait des troubles phobiques : elle avait une peur terrible de monter dans une voiture ou d'entrer dans des lieux étrangers, ce qui réduisait ses possibilités de promenade. La première fois où le problème s'était posé, sa maîtresse avait voulu prendre la chienne dans ses bras pour la monter en voiture et Lucy l'avait gravement mordue.

Ma cliente eut recours aux cajoleries. Dès que Lucy commençait à avoir peur, sa maîtresse s'accroupissait auprès d'elle pour la rassurer. En l'absence de résultats, elle était allée voir un dresseur qui lui avait conseillé de traîner Lucy quand elle se comportait de cette façon. Ainsi, en venant me consulter, elle avait pu faire passer la chienne terrifiée devant ma voiture en la traînant jusqu'au seuil de mon cabinet. Je fus alors témoin de la panique de l'animal qui se coucha, refusant d'avancer. Une fois entrée dans mon bureau, Lucy eut un comportement tout à fait normal et amical. Quand je demandai à ma cliente comment elle s'y était prise, le premier jour, pour ramener la chienne chez elle, elle me répondit que celle-ci était trop mal en point pour se soucier de ce qui lui arrivait. La fermeté autant que la méthode douce avaient donc échoué pour ces raisons : en cherchant à rassurer Lucy, sa maîtresse la félicitait pour sa conduite. En la caressant, en lui murmurant des mots doux à l'oreille, elle confortait la chienne dans son refus de monter dans la voiture, en obtenant exactement l'effet contraire à celui souhaité ! D'un autre côté, la fermeté n'avait fait qu'accentuer la peur de la chienne, que sa maîtresse promenait en permanence avec une courte laisse et un collier étrangleur ; le moindre serrement faisait souffrir cet animal, particulièrement sensible. Ma cliente avait toujours utilisé ce genre de collier pour ses autres chiens et estimait que c'était une bonne méthode, mais en ignorait les conséquences. En effet, quand un chien muni d'un collier étrangleur tire avec force sur sa laisse, les muscles et les tissus de son cou se trouvent endommagés au bout de plusieurs mois, et le cou est désensibilisé, sans que nous en soyons conscients. En admettant qu'une pression exercée sur le cou puisse donner des résultats, au début, l'animal ne sentira même plus cette pression à la longue. Son maître précédent ne la sortant que très peu, Lucy avait rarement porté un collier, mais comme elle marchait bien en laisse, le collier étrangleur ne lui causait aucune gêne, sauf lorsqu'elle approchait d'une voiture ou du seuil d'une maison, car sa maîtresse devait alors la tirer. Et cette traction lui faisait très mal ! Voici donc quelle était la situation : d'abord félicitée pour son refus d'approcher d'une voiture, Lucy avait ensuite appris que l'objet de sa méfiance était cause de souffrances, ce qui justifiait davantage son refus. Le problème fut vite résolu. Nous lui avons mis un large collier en cuir et l'avons sortie au bout d'une laisse extensible, en lui laissant six mètres de liberté... Lorsque nous nous sommes avancés vers ma voiture, Lucy recula d'un mètre puis s'immobilisa. Si elle s'était couchée précédemment, c'est parce qu'elle ne pouvait pas reculer, tant sa laisse était courte. En lui laissant cette latitude, nous évitions toute angoisse, d'autant qu'elle n'était plus étranglée par son collier. Appuyés sur ma voiture, nous bavardions sans faire attention à la chienne. Au bout d'une minute, j'ai demandé à sa maîtresse d'appeler Lucy, qui est arrivée immédiatement. Nous lui avons prodigué des caresses, puis nous nous sommes éloignés de la voiture. Nous ne cherchions pas à la faire monter, car notre premier objectif était qu'elle puisse approcher d'une voiture sans terreur et sans souffrance. En retournant vers mon cabinet, de nouveau Lucy recula d'un mètre. Nous l'avons appelée tandis que nous franchissions le seuil. Elle nous suivit alors sans la moindre hésitation. Nous venions de prouver que la cause du problème était une mauvaise évaluation de la distance. Lucy avait quelque appréhension à s'approcher des portes et des voitures ; pourtant elle n'avait pas peur des voitures qui roulaient dans la rue. Elle avait besoin d'espace et de temps pour surmonter ses craintes. Ignorer Lucy, c'était s'abstenir de récompenser sa mauvaise conduite ; ne pas la forcer évitait de la paniquer ; lui ôter le collier étrangleur supprimait les risques d'une aversion associée à la douleur.

Au cours de notre conversation, sa maîtresse m'avait appris que Lucy adorait le fromage. Nous sommes retournés à la voiture, nous nous sommes assis et l'avons appelée. Elle s'est précipitée et je lui ai donné un morceau de fromage. Je lui en ai ensuite tendu un autre bout ; au moment où elle allait le saisir, je l'ai lancé à l'arrière de la voiture. Lucy a sauté dans le véhicule, dont elle est ressortie en remuant joyeusement la queue après avoir mangé le fromage. Nous l'avons promenée un peu, puis nous sommes revenus à la voiture. Au lieu de reculer comme précédemment, elle s'est seulement légèrement écartée. Lorsque j'ai rouvert le hayon, j'ai vu la chienne hésiter un moment. Je lui ai de nouveau jeté un bout de fromage à l'arrière de la voiture où elle a bondi, attrapant le morceau au vol. Désormais, il ne restait plus qu'à développer la confiance de la chienne. Contrairement à ce que l'on croit, utiliser la nourriture dans un apprentissage, ce n'est pas corrompre le chien car il doit d'abord accomplir ce qu'on lui demande ; et si on lui donne son aliment préféré, sa récompense n'en aura que plus de valeur.

Une fois établie la cause des troubles du comportement chez le chien, il est nécessaire de prendre en compte tous les éléments qui peuvent faire obstacle à sa guérison. Il faut supprimer les aspects négatifs et trouver des moyens de récompenser la bonne conduite de l'animal. Parfois, il suffit de supprimer le négatif pour obtenir le positif !

DEUXIÈME PARTIE

Qu'est-ce qu'un chien ?

CHAPITRE IV

ENTRE CHIEN ET LOUP

À la question : « Pourquoi mon chien fait ci, fait ça ? » on répond généralement : « Parce que c'est un chien. » Ce que l'on estime poser un problème chez un chien n'est souvent qu'un comportement normal qu'il a tort de manifester où et quand il ne faut pas.

— Mon chien vient de mordre quelqu'un !

Eh bien, un chien mord, non ?

— Mon chien aboie tout le temps !

Eh bien, les chiens aboient, non ?

— Mon chien gronde quand je m'approche de son écuelle !

Eh bien, les chiens grondent, non ? Et en plus, ils défendent leur nourriture.

Tous ces comportements, souvent jugés inacceptables, sont pourtant normaux chez les chiens. Si vous continuez à vous montrer agressif avec votre chien, il finira certainement par vous mordre. Quel autre recours a-t-il ? Vous envoyer une lettre recommandée ?

Avant d'aborder certains des problèmes que rencontrent les maîtres, il est important de bien connaître la créature dont on parle. Le chien descend du loup ; mais des recherches récentes ont montré que seulement dix-neuf des quatre-vingt-dix types de comportements répertoriés chez le chien domestique se retrouvaient chez le loup. Il faut croire que des milliers d'années de domestication ont créé chez le chien des comportements nouveaux dont le loup n'avait pas besoin pour sa survie.

Si nous considérons qu'il y a soixante et onze points communs dans leur conduite, l'étude du loup, animal que la domestication n'a jamais touché, nous permettra de mieux comprendre le chien. Dans la plupart des cas, il n'a pas le moindre problème : il se comporte simplement en chien. C'est nous qui avons un problème : celui d'obtenir qu'un chien ne soit pas un chien quand sa conduite nous dérange !

Glossaire du comportement du chien

En lisant les pages suivantes, n'oubliez jamais de PENSER CHIEN !

A. Aboiement

Les loups émettent, en relâchant de l'air, une sorte de « oofff ». Toutefois, on s'est aperçu que les loups gardés en captivité dans le voisinage de chiens peuvent apprendre à aboyer comme eux. Le « oofff » du loup est destiné à avertir ses semblables d'un danger : une façon d'appeler à l'aide le reste de la meute. Plus le loup est bruyant, plus bas il se situe dans la hiérarchie du groupe, plus il a besoin de l'aide des autres. De même pour les chiens : ceux qui aboient après vous sont rarement dangereux, alors qu'il faut parfois se méfier des silencieux.

A. Accouplement

Chez les mammifères, la dominance s'exerce jusque dans la sexualité. Un loup monte un autre loup, que ce soit un mâle ou une femelle, en posant ses pattes sur

le dos de son partenaire, comme c'est le cas dans les jeux de combat. Quand ce comportement n'a pas pour but la procréation, il vise à établir sa dominance.
Un tel comportement n'est pas rare au moment de la puberté chez les chiens, mâles comme femelles. Travaillés par une sexualité naissante, ils sont perturbés psychologiquement. Le chien traverse une période où il cherche à établir sa place au sein de la communauté dans laquelle il vit. Une fois adulte, il cessera de se conduire ainsi, mais il faudra lui montrer que vous êtes le chef. Si l'animal persiste, le castrer résoudra le problème.
La majorité des chiennes domestiques ont leurs chaleurs deux fois par an, de plus en plus souvent trois fois. On peut donc penser que la nourriture que nous donnons à nos chiens a une incidence sur leur sexualité qui n'est plus contrôlée par la nature. Nous sommes alors obligés de les faire castrer.

A. Attaque

Dans une meute, chaque individu a une tâche différente à accomplir pour trouver de la viande fraîche. Certains se mettent en chasse, d'autres rabattent leur proie vers ceux qui dirigent l'attaque. Ces comportements spécifiques ont déterminé les différences entre les chiens de chasse, de berger ou de garde.

C. Creuser

Les loups creusent : des abris pour y élever leurs petits, des cavités pour se protéger du froid en hiver et de la chaleur en été, des trous pour y enfouir et retrouver leurs réserves de nourriture. C'est de ces loups que descendent nos terriers : des chiens doués d'un instinct de survie très développé, capables de se défendre jusqu'à la mort.

C. Croisement

Parce que chaque espèce de chien a été créée, au moyen d'un élevage sélectif, en vue de comportements spécifiques (mener un troupeau, chasser ou monter la garde), il est important de connaître l'héritage génétique de son chien, pour savoir à quoi s'attendre... Lorsque l'apparence physique de l'animal n'est pas un indice suffisant, l'observation de son comportement permettra d'établir à quel groupe il appartient.
Si vous prenez un chien issu de deux races différentes et si vous l'accouplez à un autre chien issu d'un croisement de deux autres races, et ainsi de suite, l'animal obtenu reviendra vite au type primitif, à l'exception de la taille. Les oreilles dressées, la queue basse, il sera beaucoup plus indépendant et plus difficile à dresser que les chiens dont il descend. La race à laquelle il retourne est celle du loup. Lorsque l'on donne le signalement d'un chien errant, la description est souvent : « espèce inconnue mais sans aucun doute apparentée au berger allemand ».

D. Déjections

Chez tout être vivant, ce qui entre doit ensuite ressortir. Les louveteaux apprennent vite à quitter leur tanière pour déféquer ; de même nos chiots, croyant bien faire, iront déféquer au milieu de la cuisine. Au lieu de nettoyer comme la louve le fait, le maître ou la maîtresse a plutôt une réaction violente. Cependant, si on lui en fournit la possibilité, le jeune chien apprend vite à déféquer à l'extérieur de son abri. Lui mettre le nez dans ses excréments n'est qu'une méthode cruelle : il aura seulement peur de vous et se méfiera. On s'imagine qu'elle est efficace parce que le chien finit effectivement par faire ses besoins dehors, alors qu'il y serait parvenu de lui-même.

D. Disputes

En tant que prédateurs, les loups savent que leur survie dépend de la capacité de la meute à chasser. Elle sera diminuée si, blessés, ils ne peuvent participer à la chasse ou s'ils blessent un des leurs ; ils évitent donc un affrontement réel visant à mutiler l'adversaire. Si nous leur en laissons la possibilité, nos chiens se comporteront de la même manière. Malheureusement, nous nous sentons obligés d'intervenir et c'est ainsi que nous nous faisons mordre.

G. Gémissements

Gémir est en fait un cri de détresse. Un chiot gémit parce qu'il a froid ou faim, parce qu'il est loin de ses frères et de ses sœurs ou qu'il ne peut trouver sa mère. C'est un des premiers sons émis par l'animal. Comme une mère humaine, la louve, à l'écoute des cris de détresse de ses petits, y répond immédiatement. Nos chiens, qui n'ont pas la même autonomie, sont dans une certaine mesure dépendants de nous toute leur vie. C'est pourquoi il faut éviter de répondre aux gémissements d'un chien adulte si nous ne voulons pas qu'ils prennent un caractère pathologique, révélant une demande excessive d'attention.

G. Grondement

Gronder est naturel chez un chien, comme aboyer ou mordre. Si l'aboiement est un appel à l'aide, le grondement est une mise en garde. Il annonce l'imminence d'une attaque si l'intrus ne recule pas. Quand un loup gronde, c'est généralement qu'il préfère éviter un affrontement physique. Le grondement est l'expression sonore de l'avertissement et l'expression faciale qui l'accompagne est encore plus dissuasive. Variées, ces expressions indiquent l'état émotionnel de l'animal. Si les oreilles sont aplaties et les babines retroussées, c'est une expression de soumission qui signifie : « J'ai peur, mais je me défendrai s'il le faut ! » Si l'animal a les oreilles dressées, le poil hérissé, la gueule en avant avec les babines rétractées verticalement, cela signifie : « Si vous ne reculez pas, je vais attaquer ! »

D'un loup à un autre, d'un chien à un autre, cette forme de communication est parfaitement comprise. Mais lorsque notre chien se comporte ainsi avec nous, partant du principe qu'un chien n'a pas à gronder, nous chercherons à punir l'animal et ne réussirons qu'à nous faire mordre. Nous nous plaindrons de l'agressivité du chien, alors que c'est nous qui l'agressons.

H. Hurlement

Lorsque l'on parle du loup, l'image qui vient à l'esprit est celle du loup solitaire hurlant à la lune, mais les loups grondent aussi avant de partir à la chasse. Dans les deux cas, c'est un signal de rassemblement de la meute.

Certains chiens hurlent dès qu'ils sont seuls. Ce sont en général des animaux trop attachés à leurs maîtres et qui ne peuvent supporter de rester seuls. Le hurlement du loup, comme celui du chien, est à la fois inquiétant et déchirant. C'est le comportement qui exprime le mieux leur émotion.

I. Instinct

J'ai vu un film où une meute de quinze loups traversait un terrain enneigé. À part quelques-uns qui se battaient à l'arrière de la colonne, ils marchaient tous à la queue leu leu, en ordre hiérarchique, sans avoir subi aucun dressage et sans être attachés. Si les instincts du loup sont présents à l'état latent chez le chien domestique, alors pourquoi avons-nous autant de mal à empêcher nos chiens de tirer sur leurs laisses ? S'ils nous considèrent comme leurs supérieurs hiérarchiques, ils devraient instinctivement nous laisser les précéder, sinon, ce serait à eux de mener. Nous perdons sûrement notre temps à essayer d'apprendre à un chien à ne pas tirer sur sa laisse : au fond d'eux-mêmes, leurs instincts, hérités des loups, leur dictent leur place.

J. Jappements

Comme les gémissements, les jappements sont des cris de détresse, limités à la douleur ou à la surprise. Le loup et le chien jappent ; leurs jappements ont toujours une raison !

L. Lèchement

Le chien lèche pour de multiples raisons. La mère fait ainsi la toilette de ses petits et les lèche pour stimuler leurs besoins naturels, avalant ensuite leurs déjections et leur urine de façon à garder propre l'endroit où ils dorment. Les chiens, dit-on, nous lèchent pour absorber le sel de notre peau, mais c'est rarement la vraie raison. Le plus souvent, il s'agit d'une demande d'attention, et cette attitude trouve probablement son origine dans le lèchement de soumission du chiot.

Arrivé à un certain stade, cette habitude de lécher deviendra une manifestation de dominance, mais peu de maîtres rabrouent leur chien pour une conduite qu'ils estiment affectueuse. Ils répondront donc à ses avances chaque fois qu'il les sollicitera.

N. Nourriture

Nous nous vantons de pouvoir enlever au chien son assiette pendant qu'il mange : ce n'est possible que parce qu'il s'agit d'un chien domestique bien nourri, souvent jusqu'à satiété. Ne lui donnez rien à manger pendant quelques jours et essayez ensuite de lui soustraire sa nourriture. Vous verrez alors comme son instinct reviendra... Laissez un morceau de viande à sa portée : il se jettera dessus !

O. Odeurs

Le loup utilise ses propres odeurs pour communiquer avec ses congénères. Transmises par l'urine ou le coussinet des pattes, elles constituent une sorte de code postal invisible, dont il marque son territoire, en urinant et en grattant ensuite le sol. C'est pour mieux transmettre leurs odeurs que les chiens lèvent la patte quand ils urinent.

L'élevage sélectif ayant réduit la taille de certains chiens par rapport à la race d'origine, il n'est pas rare de voir chez les espèces de petite taille, notamment chez les terriers, une chienne uriner debout, arrosant d'un jet court un objet dressé. Plus qu'un besoin d'uriner, c'est un besoin de communiquer, de laisser aux autres chiens un message qui, chez nous, passerait par la parole, l'écriture ou le téléphone. Peut-être s'agit-il d'une sorte d'invitation ? C'est une supposition que nous ne pouvons vérifier car notre odorat est moins fin...

O. Omnivore

Nos chiens, qui ont le même système digestif que les loups, supportent sans problème un régime végétarien. Mais, pour bien se porter, à mon avis, il leur faut une alimentation équilibrée avec des protéines animales de qualité.

P. Poursuite

La poursuite fait partie du rituel de la chasse. Si vous regardez jouer une portée de chiots ou de louveteaux, vous les verrez acquérir tous les savoir-faire qui leur seront plus tard nécessaires. Ces jeux que pratiquent les jeunes ne sont pas une récréation mais un apprentissage.

S. Sauts

Lécher les babines de sa mère est une attitude de soumission. La louve commence par détourner la tête, mais tant qu'elle ne leur a pas signifié d'arrêter, les louveteaux continueront à sauter pour l'atteindre. Nos chiots ont le même comportement, seulement ils ne peuvent nous lécher la bouche que si nous nous baissons et les laissons faire. La prochaine fois que le chiot plantera ses petites dents aiguisées dans votre main, poussez un gémissement, puis détournez la tête. Vous verrez qu'il cherchera à vous lécher la bouche, dans une tentative de conciliation.

Chez les jeunes chiens, cette façon de sauter et de lécher est pour nous une marque d'affection, qui nous flatte. Lorsqu'ils sont adultes et qu'ils continuent à se comporter de la même manière, nous croyons toujours qu'ils nous font la fête ! Si nous n'arrivons plus à contrôler l'animal, ou s'il saute couvert de boue sur nous, nous le repoussons souvent avec une certaine violence. Il faut savoir que ce geste de soumission est devenu un geste de dominance. Si le chien essaie de vous dominer et que vous vous montriez agressif, vous acceptez le défi qu'il vous lance et les conséquences ne seront pas toujours agréables…

T. Territoire

Les chiens ont des territoires communs à tous, par exemple les jardins publics où le maître les emmène promener. Considérant qu'ils n'ont aucun droit à défendre, la plupart se montrent dociles ; leur attitude physique signifie : « Je ne suis pas là de mon plein gré et je n'ai pas l'intention de contester ton droit d'être dans ce lieu ! » Le même message étant transmis par chaque chien, tout se passe généralement bien.

Cependant, des problèmes pourront survenir lorsqu'un chien n'aura pas été habitué dès son plus jeune âge à frayer régulièrement avec ses congénères. Ce genre de chien ne sait pas partager un espace avec d'autres ; son instinct de loup reprenant le dessus, si son maître le laisse faire, il marquera son territoire et cherchera à le défendre. Deux chiens ayant la même tendance se battent.

Les chiens qui ne sont pas assez sortis par leurs maîtres deviennent agressifs à l'égard des autres chiens, parfois des hommes qui approchent de leur territoire. Enfermés dans le jardin, ces chiens ne cessent de courir le long de la clôture et aboient sans arrêt ou causent des dégâts.

T. Tuer

La dentition des chiens est semblable à celle des loups, ce qui fait du petit caniche endormi sur nos genoux un tueur en puissance. En sommeil chez le chien domestique bien nourri, l'instinct, en cas de nécessité, reprendra le dessus et amènera les chiens redevenus sauvages à tuer lorsqu'ils seront en bandes. Les pertes en bétail imputables aux chiens errants enregistrées chaque année montrent encore la force de tels instincts.

U. Urine

Chiens et loups urinent pour éliminer l'eau et les déchets de leur organisme, pour marquer leur territoire, ou en signe de soumission en se mettant sur le dos. Si nous ne sommes pas surpris d'un tel comportement chez un chiot, il nous dérange chez un chien adulte. Mais cette attitude étant une marque inconsciente de soumission, plus nous montrerons notre désapprobation,

plus nous apparaîtrons au chien comme dominants. Réprimander un chien dans ces circonstances n'aboutira qu'à le faire récidiver.
Dans la plupart des cas où l'on vient me consulter, le chien a été soumis, très jeune, à un dressage trop dur. La sévérité envers un chiot, à un âge où celui-ci considère nécessairement le maître comme le dominant, n'en rendra que plus fréquentes ces manifestations de soumission. On règle le problème par un programme visant à développer l'assurance du chien, conjugué aux efforts du maître pour se montrer plus indulgent lorsque l'animal se comporte ainsi.

V. Valeurs

Certains attendent de leurs chiens qu'ils comprennent leurs valeurs, principalement fondées sur l'argent. Nous passerons peut-être l'éponge si le chien a mis en pièces le journal de la veille, mais nous piquerons une crise s'il s'agit d'un billet de cent francs. S'il mordille le pied d'un vieux tabouret dans la cuisine, il sera moins puni que s'il s'attaque au pied d'un fauteuil Louis XVI. Notre morale déconcerterait un chien parce qu'il prend naturellement ce dont il a besoin, s'il le peut. C'est ainsi qu'il trouvera dans le papier les fibres qui lui sont nécessaires. Tout sera bon pour le chiot qui se fait les dents.

V. Vomissements

Les chiens ont la capacité, en mangeant certaines herbes, de rejeter tout ce qui risquerait de les rendre malades, et ils vomissent régulièrement. C'est là un comportement parfaitement normal, tant que les vomissements ne se produisent pas tous les jours et ne sont pas accompagnés d'autres troubles.

Z. Zoonose

Ce sont des maladies infectieuses qui se transmettent d'une espèce à une autre (du loup au chien, du chien à l'homme), la plus grave étant la rage. Si le loup, le chien et l'homme partagent certaines maladies, n'est-ce pas une preuve de leurs liens ?

Après lecture de ce glossaire, il est clair que l'on se plaint souvent de comportements anormaux chez son chien ; en fait, ils ne s'accordent pas au mode de vie ou au système de valeurs du maître. Il y a bien sûr des chiens à problèmes ; pourtant nous avons affaire surtout à des chiens dont la conduite est héritée de leur ancêtre, le loup.

Dans un premier temps, ma tâche sera de distinguer ce qui est normal de ce qui ne l'est pas ; puis, lorsqu'il s'agit d'un comportement effectivement anormal, de proposer un traitement. Dans le cas d'un comportement normal mais inacceptable, j'essaierai de voir comment il est possible de le canaliser en fonction des besoins du maître. Car c'est bien le maître qui décide qu'il y a problème. Lorsque les gens m'appellent pour se plaindre que leur chien fait ci ou ça, je pourrais parfois leur rétorquer : « Le mien aussi. » Mais ce qu'une personne tolère ne sera pas forcément toléré par une autre et savoir qu'un « expert » a le même problème avec son chien n'incitera pas le client à la confiance. Lui dire qu'il devrait accepter cette situation parce que je le fais ne lui sera d'aucune aide. Mes conseils seront donc différents…

TROISIÈME PARTIE

Pourquoi mon chien...?

Nous allons aborder dans les pages suivantes les différents problèmes rencontrés par les maîtres avec leurs chiens. Voici une liste de questions authentiques, provenant de différentes sources ; j'y répondrai souvent de manière identique, lorsque la cause du problème est la même. Au fur et à mesure de votre lecture, vous aurez vos propres idées sur la solution à adopter avant de prendre connaissance de ma réponse. Que mes conseils soient différents de vos propositions ne signifie pas pour autant que l'un de nous deux ait tort. Tous les moyens sont bons si l'on obtient des résultats !

Pourquoi mon chien...

- S'en prend-il à la table basse ?
- S'en prend-il à nos chevilles et à celles des visiteurs ?
- Aboie-t-il sans arrêt quand je suis au téléphone ?
- Court-il après les voitures ?
- Poursuit-il les renards et tue-t-il les moutons ?
- A-t-il un caractère aussi changeant ?
- Court-il dans la maison tous les soirs ?
- Lève-t-il aussi souvent la patte ?
- Fait-il des dégâts quand nous le laissons seul ?
- Creuse-t-il des trous dans la cuisine ?
- S'excite-t-il comme un fou lorsque je rentre à la maison ?
- Obéit-il parfaitement aux cours de dressage et non en dehors ?
- Fait-il peur à mon chat ?
- Monte-t-il la garde auprès de ses os ?
- S'accapare-t-il les jouets de mon autre chien ainsi que sa nourriture ?

- Déteste-t-il aller dans le jardin ?
- Déteste-t-il les écoliers ?
- Déteste-t-il être toiletté ?
- Ne doit-il être dressé qu'à partir de l'âge de 6 mois ?
- Saute-t-il sur les visiteurs ?
- Court-il après les ombres, les poissons rouges et les chats ?
- N'aime-t-il pas la voiture ?
- N'aime-t-il pas son demi-frère ?
- N'est-il agressif qu'envers les chiens mâles ?
- Tire-t-il sur la laisse ?
- Me punit-il pour l'avoir mis dans un chenil ?
- Refuse-t-il de venir quand je l'appelle ?
- Refuse-t-il d'obéir à l'ordre : « couché » ?
- Fuit-il mes petits-enfants ?
- Court-il dans le jardin en aboyant ?
- Se montre-t-il agressif envers les chiennes et les chiots ?
- Déchire-t-il les papiers et creuse-t-il des trous ?
- Vole-t-il les jouets et les vêtements de mon bébé ?
- Vole-t-il mes chaussettes, mon sac, mes gants, mes sous-vêtements ?
- Fourre-t-il son nez entre les jambes des gens ?
- Continue-t-il à faire ses besoins dans la maison ?
- Urine-t-il quand nous venons vers lui ?

Je présente ici les problèmes les plus significatifs par ordre alphabétique. Ainsi, si vous estimez que votre chien est du type « nerveux », référez-vous à la lettre N. Mais avant de chercher les explications qui vous concernent plus particulièrement, il sera utile que vous compreniez le problème dans son ensemble...

A

Aboiement

Il est normal qu'un chien aboie. Des aboiements incessants, toutefois, indisposent les maîtres et les voisins. Certaines races sont plus bruyantes que d'autres ; si vous voulez un chien relativement calme, ne le choisissez pas parmi les espèces dont on fait des chiens de garde. Si vous avez un chien de garde, évitez de le laisser dans le jardin quand vous partez travailler, ou vous risquez à votre retour de voir les voisins porter plainte.

Si la fonction de l'aboiement chez le chien est d'avertir, beaucoup aboient pour d'autres raisons…

Certains le font pour attirer l'attention ; d'autres, particulièrement excitables, aboient au moindre bruit ; d'autres encore aboient pour le plaisir. Si vous avez un aboyeur chez vous, il serait bon de savoir ce qui le fait aboyer, de façon à pouvoir intervenir. Vous devrez vous poser cette question : est-ce le fait qu'il aboie qui me dérange ? ou le fait qu'il ne s'arrête pas quand je le lui demande ? Dans ce dernier cas, il s'agit d'un problème d'autorité. Immanquablement, les maîtres finissent par faire plus de bruit que leurs chiens en essayant de les faire taire. Le chien, lui, est ravi qu'on se joigne à lui et le problème sera loin de s'arranger, au contraire ! J'ai découvert que la méthode la plus efficace pour faire taire un chien était d'utiliser un cri de combat. *(Voir Dissuasion sonore.)*

QUESTION

J'ai une ravissante chienne samoyède de 14 mois appelée Sammy. Elle retient remarquablement bien ce que je lui apprends ; pourtant je n'arrive pas à lui faire perdre une habitude détestable. Nous avons un vaste jardin avec un grand hêtre. Chaque matin, quand je lâche Sammy dans le jardin, elle se précipite vers l'arbre et se met à aboyer furieusement après les écureuils, ce qui dérange surtout les voisins. Le problème est que l'arbre est trop loin de la maison pour que je puisse la gronder comme il le faudrait. Elle m'obéit lorsqu'elle est à côté de moi, mais elle semble savoir qu'à une certaine distance je ne peux rien faire pour l'empêcher d'aboyer.

RÉPONSE

Alors, n'essayez pas de l'en empêcher. Le problème est que Sammy prend plaisir à cette poursuite bruyante. Il faut lui ôter ce plaisir, mais à cause de la distance entre l'arbre et la maison, il ne sert à rien, comme vous l'avez constaté, d'essayer de la corriger depuis la maison. La correction devrait venir de l'arbre, ou mieux encore, des écureuils. Procurez-vous un tuyau d'arrosage suffisamment long pour aller du robinet à l'arbre et, à l'aide d'une échelle, placez le bout du tuyau dans les branches, dirigé vers l'endroit où Sammy aboie. Dès qu'elle commence à aboyer, ouvrez le robinet, de façon qu'elle reçoive un petit jet. Puis refermez le robinet car, pour éviter le jet, elle se mettra à courir de l'autre côté de l'arbre. Si elle est assez intelligente pour conclure que les écureuils ne prennent leur revanche que d'un seul endroit, vous devrez chaque fois changer la position du tuyau d'arrosage. Ne lui dites rien. Tout se passe entre l'arbre, les écureuils et elle. Si votre synchronisation est bonne, elle ne s'approchera plus jamais de l'arbre.

Adoption

Nombreux sont les chiens abandonnés que l'on adopte, mais la tâche n'est pas facile si les nouveaux maîtres n'ont pas conscience des embûches à éviter. En l'absence de renseignements sur son précédent foyer, on suppose que l'animal errait sur la route après avoir été jeté d'une voiture, ou qu'il s'est échappé mourant de faim d'une remise de jardin dans laquelle on l'avait enfermé, ou qu'il a fui des maîtres cruels qui le battaient chaque jour. Tel est effectivement le sort d'un grand nombre de chiens. Mais ne vous préoccupez pas du passé du chien que vous adopterez : ce qui importe, c'est son avenir. Certes, les difficultés qu'il a connues ont pu affecter son comportement, mais puisque vous l'avez adopté, vous devez avant tout le considérer comme votre chien à vous et chercher à le comprendre dans son nouveau cadre de vie. Voici ce qui arrive trop souvent quand nous adoptons un chien…

- Nous avons de la peine en pensant au passé que nous lui supposons.
- Nous avons tendance au laxisme à son égard parce que nous désirons qu'il se sente le bienvenu et nous ne

voulons pas réveiller de mauvais souvenirs en le réprimandant.

◆ Nous repoussons à plus tard le moment de le dresser, tenant à lui laisser le temps de s'adapter.

Les chiens vivent dans le présent, et non plongés dans leurs souvenirs. Seules des sensations auditives, visuelles et olfactives leur évoquent des expériences antérieures. Une voix peut déclencher une excitation ou une frayeur ; de même, la vue d'un journal roulé ou d'un bâton tenu d'une certaine manière. Par exemple, certaines odeurs peuvent susciter la peur d'être enfermé dans un réduit mais, jusqu'à ce qu'un tel problème se pose, ce qui appartient au passé n'a plus pour le chien aucune réalité.

Nous avons adopté un jack russel dont le comportement est typique de sa race. Les seuls moments où cette chienne se montre réellement agressive, c'est lorsque nous replions un journal. Elle devient alors terrifiante. De toute évidence, son propriétaire précédent utilisait un journal roulé pour la faire obéir, procédé aussi stupide qu'inefficace. Nous aurions pu passer du temps à lui faire perdre cette peur, en ignorant ses grondements et en lui donnant une friandise, mais nous avons trouvé un moyen plus facile : ne pas plier de journal devant elle.

Voilà un des nombreux cas où il est important que nous comprenions parfaitement nos chiens. Nous ne connaissons pas le passé de l'animal. Si une action particulière déclenche son agressivité, on ne doit pas nécessairement se dire : « Pas question qu'un chien grogne contre moi ! » S'il s'agit d'une réaction de crainte, la punition ne fera qu'augmenter sa crainte, et par conséquent son agressivité.

Le chien domestique peut facilement retourner à l'état sauvage. Errants ou perdus, les chiens s'adaptent rapidement à une existence nomade ; dans les pays où on laisse leur nombre s'accroître, ils forment des meutes, où ils établissent vite un ordre hiérarchique.
Cependant, ce sens inné de la hiérarchie n'est pas altéré par une cohabitation avec des êtres humains ; quel que soit l'environnement où se trouve le chien, il ne lui faut que deux jours pour s'adapter et quinze jours pour repérer et exploiter le terrain qui lui permettra d'acquérir un rang plus élevé. Nous devons tenir compte de ce fait quand nous en adoptons un et, s'il est important de lui laisser le temps de s'installer avant de lui imposer des règles domestiques, il faut veiller à ne pas lui conférer les privilèges qui nous reviennent. Nous aurions alors un chien à problèmes.

ADOPTER UN CHIEN

Très souvent, on adopte un chien pour remplacer celui que l'on aimait beaucoup et que l'on est triste d'avoir perdu. Voici des conseils pour faciliter l'introduction chez vous d'un animal qui sera votre unique chien...
Il faut généralement un mois à un maître pour découvrir quelles sont les habitudes particulières d'un animal et s'en accommoder. Le chien aura deux bonnes semaines d'avance. Il aura déjà étudié son nouvel environnement et, après avoir jugé qu'il faisait l'affaire, il ne tardera pas à tirer profit de vos faiblesses. Combien de clients m'ont-ils dit : « Il n'a pas fait le moindre bruit pendant deux semaines, et maintenant, nous ne pouvons le faire taire ! » Si, au début, le chien estime que

son rang ne l'autorise pas à prendre votre défense, les privilèges que vous lui attribuez le persuadent vite de sa prééminence. Il aboiera donc pour chasser les intrus. Telle est la tâche que vous lui avez confiée sans vous en rendre compte.

Nous souhaitons tous que nos chiens aboient à l'arrivée d'intrus. À l'état sauvage, les chiens avertissent d'un danger, et les aboiements sont un appel au secours. Une fois que vous aurez trouvé la raison de ses aboiements, si vous n'arrivez pas à faire taire votre chien, demandez-vous pourquoi il reste sur la défensive. Il vous aidera si vous attaquez l'intrus ou si c'est celui-ci qui vous agresse, mais estimera que ce n'est pas à lui de prendre l'initiative de l'attaque, en votre présence.

Un chien unique bénéficie d'une plus grande liberté de mouvement dans la maison, mais cela nous ennuie de le laisser seul en notre absence, alors que n'avons pas les mêmes scrupules avec plusieurs chiens. Si nous répugnons à laisser un chien seul, il peut développer un attachement excessif à ses maîtres au point qu'il sera impossible de s'absenter, ne serait-ce qu'un court instant. Nous déclenchons une « anxiété de séparation », qui se manifeste sous des formes diverses : le chien souille la maison, se livre à des destructions, aboie, hurle, gratte aux portes et aux fenêtres pour essayer de s'échapper et de nous suivre. Dans les cas extrêmes, il peut tourner sa rage contre lui-même et s'automutiler. C'est le problème le plus courant dont me font part les propriétaires d'un chien trouvé. Plutôt que d'enfermer l'animal, la nuit, dans la cuisine, ils lui permettent souvent de dormir dans leur lit, cherchant ainsi à compenser les malheurs qu'ils lui supposent. Beaucoup ne prennent la responsabilité d'adopter un chien que s'il peut bénéficier chez eux d'une compagnie pendant la plus grande partie de la journée. Après les quinze jours d'adaptation, les problèmes apparaissent. Le chien est vingt-quatre heures sur vingt-quatre entouré d'êtres humains, qu'il suit de pièce en pièce ; et si l'on est obligé de le laisser seul, l'animal se livre à des actes qui lui vaudront des réprimandes. La colère du maître, bien que compréhensible, ne fera qu'accroître l'anxiété du chien.

« Mieux vaut prévenir que guérir... » Si vous adoptez un chien, imposez-lui dès le départ vos volontés, à plus forte raison s'il doit être votre seul chien. Faites-lui sentir par tous les moyens qu'il est désiré, mais assurez-vous de fermer les portes quand vous sortez. Dès le premier jour, enseignez-lui que, si vous le laissez seul dans la cuisine pendant dix minutes, il aura la récompense de votre retour, comme un enfant.

ADOPTER PLUSIEURS CHIENS

Les chiens savent mieux que les hommes établir des règles de cohabitation, à condition que nous les y autorisions. Si vous décidez d'adopter un chien abandonné, mieux vaut en choisir un qui soit à l'opposé, en tout point, du ou des chiens que vous possédez déjà. Il s'adaptera très rapidement et vivra en parfaite harmonie avec les autres.

Procédez de préférence aux présentations « hors territoire » et en terrain totalement neutre, de sorte qu'aucun des chiens n'ait l'avantage des droits « territoriaux ». Après avoir observé leur comportement alors qu'ils sont ensemble, tenus en laisse lâche, et constaté avec satisfaction leur calme, laissez-les courir de concert, laissez-les être des chiens. L'un d'eux montrera peut-être une attitude dominante à l'égard de l'autre, c'est normal. N'intervenez pas. Les réprimander risquerait de rompre l'équilibre et de retarder un processus naturel et inévitable. Normalement, ces affrontements d'ordre hiérarchique, parfois terribles à voir, ne causent aucun dommage aux adversaires. Il est important que le premier contact entre les animaux soit établi dans le calme et sous votre contrôle.

Si le premier affrontement ou le suivant est préjudiciable à l'un d'entre eux, posez-vous cette question : « Les deux chiens ont-ils des comportements compatibles ? » Si vous pensez que non, demandez conseil à la SPA avant de décider de garder le nouveau venu. Vous ne devez pas, pour donner un foyer à un chien abandonné, porter atteinte à votre qualité de vie et à celle des autres animaux de la maisonnée. Des affrontements constants et violents sont affligeants ; pour les deux antagonistes, il vaut mieux prendre une décision raisonnable le plus tôt possible.

Si cette première rencontre a été convenablement organisée, et si vous êtes sûr qu'il y a compatibilité entre les chiens, n'oubliez pas qu'il faut laisser des chiens être des chiens. La plus grande difficulté est que les maîtres estiment généralement que la prééminence revient au chien le plus ancien dans la maison. Nous accordons aux personnes les plus âgées les privilèges de l'âge, ce n'est pas le cas des chiens. Il faut reconnaître cette différence et l'accepter. C'est une source d'ennuis que de favoriser un chien auquel les autres dénient ce privilège.

Le propriétaire novice a intérêt à demander conseil à un spécialiste s'il a des doutes sur ce qu'il convient de faire en certaines circonstances. Bien informé, vous ferez entrer sans difficulté le nouveau pensionnaire dans votre environnement. Faute d'information, vous serez obligé de ramener le chien à la SPA.

Agoraphobie

Comme nous, les chiens peuvent avoir la phobie des espaces libres et des lieux publics. La cause est souvent un traumatisme, dû à une expérience douloureuse faite hors de l'environnement familial par le chiot à l'âge de 8 à 12 semaines. Pendant cette « période de l'empreinte de la peur », tout ce qui effraie un chiot peut avoir un effet durable, parfois jusqu'à la phobie. Il peut avoir souffert chez le vétérinaire, avoir été effrayé par un grincement de freins d'un camion ou même avoir eu la patte écrasée par un homme gros portant un manteau noir et des lunettes de soleil. Le chiot aura pendant longtemps peur des vétérinaires, des camions et des gros hommes en manteau noir et lunettes de soleil. Au pire, il étendra cette peur au monde extérieur et les problèmes surgiront. Bien qu'il soit important de sociabiliser un chiot le plus tôt possible, le maître doit faire très attention de lui éviter toute expérience traumatisante durant cette période. Si votre chien souffre d'agoraphobie parce qu'il a eu un traumatisme, il faudra le soumettre à un programme de désensibilisation *(Voir Désensibilisation)* ou aller voir un vétérinaire, homéopathe par exemple, qui pourrait traiter certaines peurs de votre chien sans avoir recours aux médicaments traditionnels.

QUESTION

J'ai une chienne labrador de 2 ans qui refuse d'aller dans le jardin alors qu'elle adorait y jouer. Il y a quelques semaines, un dirigeable est passé au-dessus de la maison et l'a manifestement effrayée. Depuis, elle se tient devant la porte ouverte du jardin et guette le ciel. Nous avons tout essayé pour l'amener à sortir. Pour qu'elle fasse ses besoins, nous avons trouvé comme seul moyen de la mettre en laisse, de l'emmener rapidement à la voiture et de la conduire au parc. Une fois dans le parc, tout semble bien aller mais, au retour, à peine sommes-nous arrivés devant la maison qu'elle saute de la voiture et se précipite vers la porte. Souffre-t-elle d'agoraphobie ?

RÉPONSE

Pas au sens propre du terme. Sa peur a été provoquée par quelque chose de précis. J'ai le sentiment que vous avez, sans vous en rendre compte, encouragé ce comportement ; d'abord, en la cajolant pour la faire sortir, ce qu'elle a pu interpréter comme une récompense la confortant dans son attitude ; ensuite, en l'amenant régulièrement au parc de peur qu'elle ne salisse la maison. Or le parc est pour elle un lieu beaucoup plus excitant que le jardin ; par conséquent, ce qui au départ était la manifestation d'une peur réelle est rapidement devenu un comportement conditionné par la récompense qu'il lui apportait.

Il faut que vous l'ignoriez lorsqu'elle commence à protester : « Non, c'est impossible, je ne peux pas sortir dans le jardin ! » Ne la regardez pas, ne lui parlez pas. Laissez-lui la porte grande ouverte et laissez-la se décider. Si elle a appris à être propre, elle ira dehors pour faire ses besoins plutôt que de salir la maison, et sa

conduite pourra être récompensée par une friandise, mais qui lui sera donnée dans le jardin. Si vous avez pour habitude de ne la nourrir qu'une fois par jour, donnez-lui la même ration, mais en deux fois. Préparez sa pâtée devant elle, et, sans dire un mot, portez-la derrière la porte, dans le jardin. Si, au bout d'un quart d'heure, elle n'a pas mangé, jetez sa nourriture. Recommencez à chaque repas, et ne vous inquiétez pas : un chien en bonne santé ne se laisse pas mourir de faim !
Puisqu'elle aime aller au parc, prenez sa laisse et dirigez-vous vers la voiture. Si elle ne vous suit pas, enfermez-la dans la maison. Faites en voiture un petit tour et revenez. Elle n'ira au parc que lorsqu'elle vous suivra de son plein gré. Toute friandise devra être donnée dehors ; si elle ne vient pas la chercher, tant pis pour elle. Ne lui accordez plus la moindre récompense dans la maison, cajoleries comprises, et adoptez à son égard une attitude détachée. Enfin, surveillez le ciel et si vous voyez au loin un dirigeable, faites-la vite rentrer avant qu'elle ne l'aperçoive.

Agression

Voilà un sujet qui mériterait un livre à lui tout seul... L'agression a de nombreuses causes et de plus en plus de mots définissent les différents types d'agression : nerveuse, associée à la douleur, syndrome de la rage, territoriale... J'ai même entendu une fois l'expression « agression stroboscopique », employée pour des espèces comme le briard ou le bearded collie dont les poils couvrent les yeux. Que signifie le mot agression pour le chien ? Cela veut dire qu'il aboie, qu'il gronde contre les gens ou d'autres animaux, ou même qu'il les mord. L'agression est généralement un réflexe de défense qui se manifeste d'abord sous la forme d'une menace ou d'un avertissement et ne se concrétise que lorsqu'il n'y a plus d'autre issue. Il vous sera possible d'éviter une agression si vous en connaissez la cause, si vous pouvez en détecter les signes et si vous savez comment restaurer la confiance du chien face à la situation qui a engendré la confrontation agressive. Presque toutes les agressions dont le chien est responsable sont dues à un manque de confiance de sa part.

D'une façon générale, on dénote chez le chien trois types de réflexes : défense active, défense passive et blocage — le chien se sentant menacé soit vous mordra, soit prendra la fuite, soit se figera.

Le réflexe de blocage est le moins courant chez les chiens. Comme exemple, voici la mésaventure d'un homme qui avait suivi une formation pour devenir dresseur professionnel. Une fois son diplôme en poche, il décida de donner des leçons particulières de dressage. Sa première cliente possédait un chien des Pyrénées qui tirait sur sa laisse. Mettant en pratique ce qu'on lui avait appris, l'homme passa un collier étrangleur au chien et voulut le faire avancer. Aussitôt, le chien fit un bond en avant et le dresseur cria : « Au pied ! » en tirant sur la laisse. Le chien s'était figé, véritable statue vivante ; ni la force ni la douceur ne réussirent à le faire bouger alors qu'ils se trouvaient au milieu d'un parc. Le dresseur et la maîtresse du chien durent aller chercher une voiture et y porter le chien, qui était resté dans cet état d'immobilité jusqu'à ce que le dresseur s'en aille ; il lui avait suffi de le revoir pour se retrouver bloqué. L'embarras de cet homme fut tel qu'il renonça définitivement à donner des leçons de dressage.

Le réflexe de défense active est le fondement de la définition courante de « chien agressif ». Contrairement au cas précédent, les chiens qui ont ce réflexe lorsqu'ils se sentent menacés se défendent de la seule façon qu'ils connaissent : en grondant, en montrant les dents et finalement en mordant. Les chiens qui ont des réflexes de défense passive préfèrent prendre la fuite et se cacher.

Bien que l'on rencontre différents cas à l'intérieur d'une même espèce, on peut dire que les chiens comme le rottweiller, le jack russel ou l'akita inu ont généralement des réflexes de défense active ; alors que le labrador, le shetland et d'autres espèces similaires auront principalement des réflexes de défense passive. Ce sont là des tendances que l'élevage sélectif a cherché à développer selon les tâches auxquelles on destine les espèces. Il serait inutile d'essayer de faire un chien de garde d'un animal qui a des réflexes de défense passive.

Il apparaît que les chiens n'agressent que si on les provoque. Ce sont des êtres sociaux qui ne passent à l'attaque qu'en dernier recours, bien que certaines races soient plus agressives que d'autres. On distingue les races à « seuil d'agressivité peu élevé » de celles à « seuil d'agressivité élevé » n'attaquant que lorsque la fuite est impossible.

Quelques-uns des facteurs intervenant dans la modification du seuil d'agressivité du chien sont les problèmes caractériels dus à l'hérédité, les techniques de dressage visant à développer l'agressivité de l'animal, le manque de sociabilisation dès le plus jeune âge, l'alimentation, la maladie et la souffrance.

Il y a donc trois mécanismes de défense du chien : attaque, fuite, blocage. Pour comprendre le comportement agressif d'un chien, il faut toujours considérer ces trois éléments :

- le réflexe de défense normal chez une race particulière ;
- les facteurs qui provoquent le réflexe ;
- les facteurs qui peuvent abaisser le seuil d'agressivité.

Alimentation

Il est courant de nourrir son chien une seule fois par jour à partir de l'âge d'1 an. Cette pratique remonte sans doute à l'époque où on lui donnait, en fin de journée, les restes des repas. À 1 an, la plupart des chiens continuent à se développer, et cela jusqu'à l'âge de 2 ans. Si les maîtres sont conscients que le chien a besoin de plus d'un repas par jour pendant la période la plus active de croissance — jusqu'à 1 an —, pourquoi ne lui donnent-ils alors qu'une seule ration quotidienne ? C'est généralement entre 12 et 14 mois que les chiens commencent à poser des problèmes, que nous attribuons à la période de « l'âge ingrat ». Tous les parents vous disent que leurs enfants dévorent… Si les chiens traversent, eux aussi, une crise de croissance, leur comportement ne fait qu'empirer avec la faim.

La plupart des éleveurs fournissent aux nouveaux maîtres, sous forme de tableaux, des indications relatives à l'alimentation du jeune chien, allant du type de nourriture au nombre de rations quotidiennes à lui donner selon son âge.

EXEMPLES DE RATIONS

Jusqu'à 4 mois	4 rations par jour
De 4 à 6 mois	3 rations par jour
De 6 à 12 mois	2 rations par jour
À partir de 1 an	1 ration par jour

Le maître scrupuleux suivra à la lettre ces instructions, convaincu de leur pertinence. À 6 mois, des poussées de croissance se produisent, mais par intermittence ; deux repas par jour suffisent à l'animal. À 7 mois, un chien faisant une poussée de croissance accompagnée de stress pourra avoir besoin d'une ration supplémentaire. Les recommandations de l'éleveur ne sont que des indications... Le maître doit avant tout nourrir son chien en fonction de son appétit et de son poids, en veillant à ce qu'il ne maigrisse pas, ni ne prenne de l'embonpoint.
Cependant, certains aliments pour animaux domestiques vendus dans le commerce ont une telle valeur nutritive que nous risquons de donner au chien en pleine croissance une alimentation trop riche. Si vous essayez d'accélérer la croissance d'un chien, surtout d'un gros chien, il en résultera toutes sortes de problèmes osseux et articulaires. Les meilleurs régimes sont ceux qui s'adaptent aux différents âges de la vie de l'animal, jusqu'au troisième âge ; dans l'hésitation, vous pouvez toujours demander conseil à votre vétérinaire. L'habitude de donner à un chien, en plus de sa ration

quotidienne, os, calcium, vitamines et sels minéraux peut aussi lui être préjudiciable s'il a déjà une alimentation équilibrée.

Un chien nourri une seule fois par jour est en bonne santé et satisfait. Il ne faut cependant pas oublier que la plupart des chiens n'ont pas terminé leur croissance à 1 an. Il est également important de prendre conscience que nos chiens n'ont, aujourd'hui, pour les stimuler que les promenades en notre compagnie et l'attention que nous leur portons. Or, dans bien des cas, ces plaisirs leur sont accordés au compte-gouttes, par manque de temps. Leur seul autre plaisir quotidien est celui de manger, alors pourquoi ne pas le multiplier par deux en doublant le nombre des repas ? Il suffit de leur donner la même ration en deux fois, ce qui, par ailleurs, est plus digeste qu'une grosse quantité de nourriture ingurgitée en une seule fois.

QUESTION

Mon chien, un pointer, a une double personnalité. C'est un animal en parfaite forme qui déborde d'énergie. En plus de ses deux promenades quotidiennes d'une heure, il a à sa disposition notre grand jardin. Lorsqu'il ne poursuit pas les oiseaux et les écureuils, il agace notre chienne, un collie de 5 ans d'un tempérament très calme qui refuse de jouer avec lui. Congédié, il court le long de la clôture en même temps que les chiens du voisin. Insouciant et affectueux pendant la majeure partie de la journée, il devient soudain grognon vers les quatre heures de l'après-midi. Il gronde quand on le caresse, et continue encore plus si on le réprimande. Quelqu'un m'a suggéré que sa mauvaise humeur pouvait être liée à son alimentation. J'en doute fort, car c'est avant d'avoir mangé qu'il se conduit ainsi, pas après. Nourri à six heures en même temps que notre chienne, il montre un excellent appétit. Ce n'est donc pas un problème d'alimentation. Quelle est, à votre avis, la cause de ses sautes d'humeur ?

RÉPONSE

Je crois, contrairement à vous, qu'il s'agit bien d'un problème d'alimentation. Ce n'est pas ce que vous lui donnez qui est en cause mais la manière dont vous le donnez. Le chien plein d'entrain que vous me décrivez consomme plus d'énergie qu'un animal passif comme votre collie, et c'est, à mon avis, tout simplement la faim qui le rend grognon en fin d'après-midi.
Certains maîtres font jeûner leur animal une fois par semaine. Il faut savoir qu'en nourrissant chaque jour notre chien nous habituons son organisme à une certaine régularité. Il suffit d'une seule journée de jeûne pour que le taux de sucre contenu dans le sang baisse et que le chien devienne irritable. S'il ne peut nous dire ce qui le fait souffrir, il est probable qu'il a, comme nous, des maux de tête et des tiraillements d'estomac. Nourrir deux fois par jour votre chien lui assurera des réserves d'énergie...

Anorexie mentale

Si votre chien qui a normalement bon appétit se met soudain à refuser de manger, allez voir votre vétérinaire. Avant qu'il ne soit prouvé que le manque d'appétit a une autre origine, il doit toujours être d'abord traité comme un problème médical. S'il s'avère que le chien est en bonne santé, on est en droit de penser qu'il s'agit là d'un cas d'anorexie nerveuse canine, donc d'un problème psychologique.

L'anorexie dont souffrent les chiens est différente de la nôtre. Un chien n'est pas préoccupé par sa ligne ; il ne fait pas semblant d'avoir bon appétit pour aller vomir ensuite. Il ne mange pas par politesse pour se bourrer ensuite de laxatifs ; il se contente de ne pas manger. Dans la plupart des cas, cette inappétence est due à un traumatisme et n'a rien à voir avec les caprices de certains chiens, comme les chiens nains particulièrement choyés et gâtés. Ces chiens qui mangent à peine donnent du souci à leurs maîtres, alors que leur métabolisme ne nécessite pas une grande quantité de nourriture. Très souvent, ils pratiquent de petits jeux : « Je ne mangerai pas ça, c'est de la nourriture pour chien : je veux un steak ! » Et généralement, le maître cède. Ils savent aussi s'y prendre pour être nourris à table. Ces chiens-là ne sont pas de vrais anorexiques.

Il est rare qu'un chien refuse toute nourriture et c'est pour une raison précise liée à son environnement. J'ai eu récemment affaire à un chien qui n'avait pas mangé depuis cinq jours. Le vétérinaire l'avait examiné sans rien découvrir d'anormal. Le rapport détaillé des incidents qui s'étaient produits depuis qu'il avait cessé de manger m'a fourni la cause de son refus. On lui avait toujours donné à manger au même endroit dans la cuisine. À droite de son écuelle était placée une barrière que l'on mettait contre la porte pour l'empêcher d'entrer dans la salle à manger pendant que ses maîtres prenaient leurs repas. Le chien avait cessé de s'alimenter le jour où la barrière lui était tombée dessus. Personne n'avait accordé d'importance à l'incident, mais il avait traumatisé l'animal. Nous avons placé son écuelle dans une autre pièce et il s'est remis à manger avec appétit. Avant qu'il ne finisse, nous avons replacé son assiette dans la cuisine et il a de nouveau refusé de manger. Nous avons laissé l'assiette à sa place et enlevé la barrière… et le chien a terminé sa pâtée !

QUESTION

J'ai un yorkshire de 2 ans qui a toujours été difficile pour la nourriture. Récemment, nous l'avons laissé dans un chenil deux semaines, pendant lesquelles il n'a pratiquement rien mangé. Le propriétaire du chenil a déclaré qu'il était anorexique. Mon vétérinaire a démenti ce diagnostic ; d'ailleurs, sitôt de retour à la maison, mon chien s'est remis à manger. Ma question est : « Que faire de lui si nous devons partir ? »

RÉPONSE

À votre place, je trouverais d'abord un autre chenil. Tout propriétaire de chenil qui laisse un chien ne rien manger pendant quinze jours sans appeler le vétérinaire ne devrait pas exercer ce métier. Votre chien a fait une anorexie mentale due au stress de se retrouver enfermé. Les chiens qui se montrent difficiles à nourrir sont généralement choyés par leurs maîtres ; vous reconnaîtrez sans doute que vous gâtez un peu trop votre chien. Enfermé pour la première fois dans un chenil, il a vécu une expérience traumatisante. Chez certains chiens, le moindre choc peut provoquer un traumatisme, s'accompagnant de ces symptômes : comportement agressif, hyperactivité, anorexie.

Je vous conseillerai d'avoir des rapports moins étroits avec votre chien. Il ne s'agit pas de moins l'aimer mais il doit être moins dépendant de vous. Si vous devez partir et le laisser dans un chenil, demandez à votre vétérinaire de vous en recommander un qui puisse faire face à ce genre de problèmes. *(Voir Pension.)*
Il pourra vous prescrire également un sédatif pour aider à calmer le chien. En se comportant ainsi, votre chien a clairement montré qu'il ne pouvait pas supporter ce genre d'environnement. Et il n'est pas le seul ! Pourquoi ne pas proposer à l'un de vos amis ou voisins possédant un chien de garder celui-ci quand il part et inversement ? Enfin, vous pouvez faire appel aux services de personnes qui, moyennant rémunération, viendront s'occuper de votre maison et de vos animaux domestiques ; vérifiez leur sérieux.

Anormalité

Si la majorité des problèmes attribués aux chiens n'est que l'expression d'une conduite normale, même si elle est inacceptable pour les maîtres, certains chiens ont vraiment un comportement anormal, avec souvent de faibles chances de guérison.
Je citerai le cas d'une chienne doberman de 3 ans appartenant à une famille ayant deux enfants en bas âge. Ils étaient allés la chercher dans un refuge où ses premiers maîtres l'avaient placée. Le problème était que sa nouvelle maîtresse, ayant trop à faire avec ses enfants, découvrait qu'elle ne pouvait pas répondre aux besoins, considérables, de l'animal.

Avant de voir la chienne, je croyais que les difficultés avaient pour origine soit un manque de contrôle, soit une hyperactivité liée à son alimentation. Je me trompais complètement. Son comportement s'expliquait par ses premiers contacts avec le monde. Les gens du refuge avaient raconté à ses maîtres tous les détails de son passé, chose étonnante dans ce genre d'endroits, où la vérité est rarement dite.

La mère était morte peu de temps après avoir mis bas, ne donnant naissance qu'à cette seule chienne. Élevée par les hommes, elle eut des contacts avec d'autres chiens seulement lorsqu'elle fut en âge de sortir ; elle n'eut donc jamais d'identité canine. Sachant cela, j'imaginais parfaitement le comportement de cette chienne : ses efforts pour éviter les chiens, ou sa façon de se figer sur place. Et c'était exactement ce qui se passait.

Par le processus de « l'empreinte », la chienne avait développé un attachement excessif à ses maîtres, mais également adopté leurs comportements, réglant son degré d'activité sur le leur. Les hommes sont actifs pendant la journée, les chats la nuit ; alors que les chiens peuvent dormir à différents moments de la journée et de la nuit. Ils sommeillent quand il ne se passe rien, aussitôt en éveil lorsque quelque chose suscite leur intérêt. Cette chienne s'intéressait à tout ce que faisaient ses maîtres et ne dormait que lorsque tous se reposaient. Elle était sans cesse dans les jambes de sa maîtresse !

Les personnes qui avaient élevé avec amour la petite chienne orpheline n'imaginaient pas les problèmes qu'ils allaient causer à d'autres. S'ils l'avaient su, ils auraient laissé l'animal fréquenter, dès son plus jeune âge, d'autres chiots et lui auraient permis un

contact avec un chien adulte. Les chiens apprennent aux chiots les bonnes manières et sont prêts à prendre en charge leur éducation, même quand il ne s'agit pas de leur progéniture. À condition qu'ils aient aussi des contacts avec les hommes, les chiots savent vite se comporter en chiens dans un environnement domestique. On n'insistera jamais assez sur l'importance de la socialisation chez un tout jeune chien ; son absence est la cause de comportements anormaux, plus ou moins graves selon les circonstances. Dans le cas présent, la situation était intolérable. La mère était sur le point de faire une dépression nerveuse ; le chien, les enfants et le père souffraient de cette ambiance.
L'histoire finit bien. Nous avons pu trouver à la chienne de nouveaux maîtres : un couple de retraités actifs, conscients du problème, qui se sentaient capables de répondre à la demande du chien et d'apprécier la compagnie d'un animal aussi dépendant.

QUESTION

Notre bulldog de 6 ans est devenu très agressif envers les autres chiens, les chiennes et les chiots. Cela a commencé il y a six semaines, mais la chose a empiré au point qu'il a récemment attaqué une chienne berger allemand. Elle a réussi à lui échapper, mais sa fuite n'a pas mis un terme à la fureur de notre chien, qui a retourné son agressivité contre lui-même. Je n'arrivais pas à le croire. Il avait mis sa patte arrière dans sa gueule et la mordait, le regard vitreux. Il finit par se calmer, après s'être sérieusement blessé. Au cours de ces deux dernières semaines, il a grondé plusieurs fois contre notre fils de 10 ans sans raison apparente. Ce n'est plus le même animal. Petit, il aimait jouer avec les autres chiens et n'aurait pas fait de mal à un enfant.

RÉPONSE

Il est généralement rassurant de voir un changement de comportement se produire chez un animal qui a déjà un certain âge, car cela met hors de cause le caractère du chien. L'origine est ailleurs ; si on peut la déterminer, il est facile de trouver un traitement approprié. Mais dans le cas présent, je crains le pire. Se battre avec soi-même, en l'absence d'un adversaire, est une conduite des plus anormales, qui laisse à penser que l'agressivité de l'animal est devenue incontrôlable. Ce qui m'inquiète particulièrement, c'est la façon dont il s'en est pris à votre fils. Chaque fois que l'on me rapporte des cas d'agression sur des enfants, je pèche par excès de prudence. Pendant que nous essayons de modifier le comportement du chien, les enfants sont en danger ; ni vous ni moi ne nous pardonnerons d'avoir minimisé l'incident si votre fils est attaqué. L'âge du chien au moment où s'est opéré le changement de comportement, l'importance de cette transformation, la férocité de l'attaque accompagnée d'une dilatation de la pupille, voilà des éléments qui me font croire à un problème neurologique. Je vous recommande vivement d'aller demander son avis à votre vétérinaire.

Le vétérinaire conseilla à ses clients de faire piquer le chien ; une autopsie révéla une tumeur du cerveau. L'animal avait subi des examens médicaux ; rien n'indiquait qu'il fût malade car une tumeur du cerveau n'est pas perceptible à l'œil. Dans leur infortune, les propriétaires de l'animal ont eu de la chance que le problème nécessite un avis médical. Si le changement s'était produit de manière plus subtile, nous aurions peut-être tenté une thérapie qui aurait tourné au désastre. Cet exemple montre qu'une des causes majeures d'un comportement anormal peut être la maladie.

Anthropomorphisme

Aucun livre sur les chiens ne serait complet si l'on n'y trouvait pas au moins une fois cette notion. De tous les animaux domestiques, le chien est celui auquel on prête le plus un caractère humain. Beaucoup de chats sont pour leurs maîtres des substituts d'enfants, mais le chat garde ses distances et nous le respectons pour ce qu'il est : un chat. Le chien est différent : nous sommes sa famille, son père, sa mère, ses frères et ses sœurs… Nous faisons attention à ne pas le blesser dans ses sentiments. Les chiens savent très bien tirer parti de cette relation, en prenant des postures et des expressions propres à nous persuader qu'ils boudent ou qu'ils sont affectés par ce que nous avons dit ou fait. Leurs attitudes renforcent notre conviction : ils auraient la même capacité de pensée que nous…

Il n'en est rien ! Ce sont seulement des chiens, comme les chats sont des chats ! Les chiens ne boudent pas : ils évitent d'être dans nos jambes. Ils ne sont pas excités parce que c'est Noël et qu'il y a de nombreux cadeaux pour eux sous le sapin : ils réagissent à la gaieté générale. Beaucoup de mes clients sont choqués quand je leur dis que ce n'est pas par amour que leur chien vient quêter des caresses pendant qu'ils regardent la télévision, mais parce qu'il a besoin d'attention.

Une série télévisée raconte avec humour cette attitude anthropomorphique. Dans l'un des épisodes, une cliente amène chez le vétérinaire ses deux chiens nains dans une poussette et se plaint que la femelle a grossi et qu'elle se conduit étrangement. Le vétérinaire annonce à la maîtresse, après avoir examiné la chienne, que celle-ci est pleine. « C'est impossible, dit la cliente, elle n'a pas approché un chien ! » « Et celui-là ? » demande le vétérinaire, montrant l'autre chien dans la poussette : un mâle. Ce qui choqua la dame : « Ne soyez pas dégoûtant, jeune homme, c'est son frère ! »

QUESTION

Pourquoi ma chienne me manifeste-t-elle du ressentiment chaque fois que je vais la chercher dans son chenil, au retour de mes vacances ? C'est un beau chenil où tout le monde se montre très gentil avec elle. Pourtant, en revenant à la maison, elle nous ignore comme si elle était en colère contre nous. Que puis-je faire pour la ramener à de meilleurs sentiments ?

RÉPONSE

Absolument rien. Je crois que vous faites l'erreur de prêter aux chiens des sentiments humains : ici colère et ressentiment. Vous avez tout simplement placé votre chienne sur un piédestal et vous lui avez accordé des privilèges qui, dans une meute de chiens sauvages, ne seraient attribués qu'à ceux qui ont le plus haut rang. Enfermer de tels chiens dans un chenil porte une atteinte à leur statut social. Quand ils reviennent chez eux, jusqu'à ce qu'ils aient retrouvé leur place, ils prendront des postures de soumission, avec la volonté de s'effacer. Si vous les appelez, ils viendront tête basse et éviteront votre regard. Ils ne chercheront pas à jouer, se tiendront légèrement en retrait quand vous franchissez une porte ou que vous pénétrez dans un étroit couloir.

Je vous conseille de bien observer le comportement de votre chienne avant de la conduire au chenil. Si mon analyse est juste, cela veut dire que pendant tout le reste de l'année, elle a eu une « fausse idée » de sa place dans votre foyer.

Anxiété

Si les chiens ne sont pas doués de raison, ils sont capables d'attachements très forts et peuvent être, comme nous, sujets à des troubles psychosomatiques. Nous avons parlé de l'anorexie mentale, liée à l'anxiété. Le système nerveux et émotionnel du chien est similaire au nôtre. La différence réside dans la façon dont les chiens expriment leur anxiété. Les problèmes de comportement causés par l'anxiété sont : manque de propreté, volonté de détruire, désir de s'enfuir (grattage aux portes et aux fenêtres), hurlements, aboiements, automutilation dans les cas extrêmes.

Généralement, les problèmes surgissent lorsque le maître laisse l'animal seul dans la maison. Le chien éprouve de l'anxiété et son comportement vise à soulager la tension créée par l'angoisse. Ces comportements varient selon les chiens. L'introverti sera plus enclin à se punir,

tandis que l'extraverti aura tendance à s'en prendre aux objets.
Lorsqu'un maître me dit que son chien présente l'un de ces comportements, je lui pose toujours les mêmes questions :

- Votre chien vous suit-il de pièce en pièce ?
- Dort-il dans votre chambre ?
- Essaie-t-il d'entrer dans les toilettes avec vous ?
- Gratte-t-il, gémit-il ou hurle-t-il lorsque, par hasard, une porte se referme sur lui ?
- Est-il toujours à vos pieds quand vous êtes assis, avec souvent l'une de ses pattes dessus ?
- Ou insiste-t-il pour monter sur vos genoux ?

Si la réponse est « oui » à toutes ces questions, il s'agit d'une forme d'attachement excessif et les problèmes proviennent du fait que le chien ne supporte pas d'être seul. Ces troubles liés à l'anxiété se guérissent facilement. Connaissant la cause du problème, nous pourrons modifier les habitudes du chien de façon à mettre plus de distance dans la relation. S'il refuse de rester seul dans une pièce lorsque le maître est là, il sera impossible, en son absence, de laisser l'animal seul dans la maison. Il faudra donc progressivement augmenter le temps que le maître et le chien passent dans des pièces différentes jusqu'à ce que le chien se laisse chasser sans protester de la chambre à coucher.
Il sera également nécessaire de changer les habitudes de l'animal lors du départ et du retour du maître. En voyant partir leurs maîtres, ces chiens se montrent ou abattus ou surexcités et désobéissants. Certains deviennent même

agressifs et essaient d'empêcher leurs maîtres de franchir la porte. Lorsque le maître constate ensuite les dégâts faits par l'animal après l'avoir entendu hurler de la rue, il se met en colère contre lui. Les chiens que l'on peut laisser seuls voient partir leurs maîtres d'un œil indifférent et lui font la fête à son retour. Le moyen le plus simple pour obtenir un tel résultat est d'habituer l'animal à se sentir en sécurité dans une niche d'intérieur. Selon son comportement, il faudra canaliser la frustration du chien. Il ne sera pas suffisant d'empêcher un chien destructeur de mâchouiller des objets car ce problème sera remplacé par un autre : il se mettra à hurler ou à aboyer. Mieux vaut mettre dans la niche un jouet que le chien pourra mâchouiller. Des résultats spectaculaires sont obtenus au bout de trois semaines, même si certains cas difficiles nécessitent plus de temps. Le premier obstacle à surmonter est de faire comprendre au maître que c'est sa relation avec son chien qui est en question. *(Voir Destructeur [comportement] et Propreté.)*

B

Bagarre

Il y a sans doute un grand nombre de personnes qui sortent leurs chiens tard le soir, empruntant furtivement les coins les plus sombres, parce que leurs chiens sont classés dans la catégorie des « bagarreurs ». L'approche d'un chien en liberté, si inoffensif soit-il, pose à leurs maîtres un véritable problème. Si dans un parc où l'on peut lâcher les chiens vous en rencontrez un tenu en laisse, il y a de fortes chances pour que ce soit un bagarreur.
En réalité, la majorité des chiens que l'on m'amène pour ce problème ne sont pas vraiment dangereux. Peu sociables avec les autres chiens, ils ont à leur égard une attitude extrêmement dominante qui les effraie parfois, mais on ne peut pas pour autant les considérer comme des bagarreurs. Certes, ils se sont comportés de manière agressive par le passé, mais lorsque je demande aux maîtres quel mal ils ont fait à d'autres chiens, la réponse est invariablement « aucun ». Dans le pire des cas, c'est le maître qui a été mordu en essayant de séparer les deux animaux.
Par nature, le chien est un animal sociable, bien qu'il ait de nombreuses raisons de devenir asocial. Le comportement méfiant et agressif d'un chien envers ses congénères a pour origine l'absence de sociabilisation dans son plus jeune âge. Avec le temps, ce type

de chien s'habitue à la présence des chiens qu'il côtoie régulièrement, mais continue à se méfier des étrangers, surtout s'ils sont du même sexe que lui. La façon dont les maîtres gèrent ces situations peut améliorer ou aggraver les choses. Très souvent, le chien ne fait que lancer à l'autre un avertissement : « Je ne suis pas content de te voir là et je voudrais que tu décampes ! » Voilà le maître qui se précipite, se met à hurler et va jusqu'à le frapper avec sa laisse ou lui donner des coups de pied. Normalement ces chiens soi-disant bagarreurs ne s'approchent que très rarement de leurs congénères, préférant les éviter. En réagissant violemment, le maître risque d'amener l'animal, dont l'agressivité n'était que dissuasive, à passer à l'attaque. Que la chose se reproduise trois ou quatre fois, le chien simplement asocial au départ deviendra dangereux. Généralement munis d'une laisse courte, ces chiens se trouvent dans l'impossibilité de s'enfuir, alors qu'ils ne demandent qu'à éviter l'affrontement. L'agression sera leur seul recours. En punissant son chien sans comprendre ce qui est en jeu, le maître ne le rend que plus redoutable. La présence d'un autre chien, devenant synonyme pour lui de punition, le fera redoubler d'agressivité pour tenir l'intrus à distance ; ni le maître ni l'animal ne pourront sortir de ce cercle vicieux.

L'alimentation du chien peut contribuer à son agressivité envers ses congénères et, dans de nombreux cas, un régime arrivera à régler le problème. *(Voir Régime.)*

On obtient de bons résultats en remplaçant le collier étrangleur par un collier en cuir plus large et la laisse courte par une laisse extensible. Cette impression de plus grande liberté a un effet apaisant sur le chien. Au début, par mesure de sécurité, et pour rassurer le maître, on passe à l'animal une muselière souple en nylon avant de le mettre en présence, sur un terrain neutre, d'un chien spécialement choisi pour cette rencontre. Le maître a pour instruction de ne pas intervenir. Si personne ne s'en mêle, les chiens joueront ensemble ou s'ignoreront. La première rencontre est éprouvante pour le maître, persuadé que son chien est un tueur. La constatation qu'il n'en est rien sera un premier pas vers la réhabilitation de l'animal.

Si les maîtres ne supportent pas de voir leurs chiens se battre avec d'autres à l'extérieur, il leur est encore plus intolérable de voir leurs propres chiens se battre entre eux au sein de leur foyer. Il suffira de quelques bagarres pour que les chiens soient désormais tenus à l'écart l'un de l'autre, ce qui demande aux maîtres une vigilance de tous les instants, d'ailleurs inefficace ! Tôt ou tard, on oubliera de fermer une porte et, inévitablement, les chiens se battront à nouveau, d'autant plus férocement que leur séparation forcée aura fait monter la tension entre eux. Les propriétaires de ces chiens ont un choix limité. Soit ils trouvent à l'un des deux animaux de nouveaux maîtres, soit ils prennent les mesures qui s'imposent pour résoudre le problème. La séparation des chiens, en tout cas, n'est pas une solution.

Le problème peut parfois être facilement résolu. Une fois encore, c'est la réaction du maître qui aggrave les choses. Par ses interventions, il empêche les chiens de régler leurs différends ; ils recommenceront à se battre, et de plus en plus violemment. Une simple querelle qui dégénère en guerre : c'est le maître, par son attitude, qui est responsable de cette escalade de la violence. C'est pourquoi il est préférable de laisser les chiens régler

leurs affaires, à condition qu'ils ne s'infligent pas de sérieuses blessures.
Si vous avez séparé vos chiens pendant un certain temps et si vous souhaitez à nouveau les réunir, mettez-les d'abord en présence sur un terrain neutre. Lorsqu'ils se sentent à l'aise dans cette situation, faites-les se rencontrer dans le jardin, puis dans la maison, en veillant à ce que toutes les portes soient ouvertes pour leur laisser, si nécessaire, une possibilité de fuite. Des chiens qui ont vécu pendant longtemps en bonne entente sous le même toit savent régler leurs problèmes, si nous ne nous en mêlons pas !

Question

J'ai deux terriers, de 18 et 21 mois, qui sont des demi-frères. Ils ont le même père et une mère différente. Ils se sont toujours très bien entendus jusqu'à une époque récente où tout est devenu pour eux objet de dispute : jouets, nourriture, place sur le lit... Ils ont même commencé à se battre pour mes caresses. Je savais que ce n'était pas une bonne chose de prendre deux frères, mais je voulais deux chiens de la même race avec le moins d'écart d'âge possible pour qu'ils puissent être élevés ensemble, et j'ai cru que tout se passerait bien s'ils étaient d'une portée différente. On m'a suggéré que la castration mettrait fin à leurs disputes. Qu'en pensez-vous ?

Réponse

À mon avis, vos chiens s'affrontent pour une question de dominance, chacun s'estimant supérieur à l'autre. Généralement, les choses s'arrangent d'elles-mêmes une fois instaurés des rapports de dominance-soumission.

Cependant, si le problème persiste alors que vous leur laissez la possibilité de régler eux-mêmes leur différend, cela voudra dire que ce sont deux chiens génétiquement dominants. Si mon analyse est juste, les faire castrer tous les deux ne résoudra rien ; ils seront toujours égaux. En revanche, la castration d'un seul permettra d'établir une structure hiérarchique bien définie, que vous renforcerez en favorisant celui qui aura gardé ses attributs sexuels. Nourrissez-le et caressez-le en premier, accordez-lui tous les privilèges possibles, sans lui laisser croire qu'il vous est supérieur ! En maintes occasions, dans de semblables cas d'agressivité entre deux chiennes, j'ai pu me rendre compte de l'utilité de la castration de l'une d'elles, notamment au sein d'une relation mère-fille. *(Voir Castration de la chienne.)*

Bébé

La grande majorité des chiens acceptent sans problème l'arrivée d'un bébé dans un foyer ; cependant, nombreux sont les maîtres qui réfléchissent longtemps à la façon de faire les présentations, désireux de ne pas provoquer la jalousie du chien. Je crois que la plupart des animaux savent reconnaître un tout-petit, quelle que soit l'espèce à laquelle il appartient ; ils sentent rarement sa présence comme une menace...

L'idéal serait que le bébé soit immédiatement présenté au chien, dont on pourra ainsi contrôler les réactions. Sinon, l'animal cherchera à satisfaire par lui-même une curiosité naturelle. Il est facile d'accuser de mauvaises intentions un chien qui saute sur le berceau. Pour éviter que cela ne se produise, on peut par exemple étendre l'enfant par terre sur un drap propre et en faire approcher le chien, tenu en laisse, en détournant doucement son museau de la bouche et du visage du bébé. Cette première rencontre doit être agréable au chien ; on évitera de le gronder, de tirer sur sa laisse ; il ne faut surtout pas qu'il en vienne à associer la présence du bébé à une expérience douloureuse pour lui. Une fois sa curiosité satisfaite, on lui donnera une friandise et on l'emmènera éventuellement en promenade. Traité ainsi pendant quelque temps à chacune de ses rencontres avec le bébé, le chien se montrera bientôt impatient de le revoir... Il sera bon que la mère laisse assister l'animal aux soins du bébé. Si, pendant qu'elle l'allaite, qu'elle lui donne son bain ou qu'elle change ses couches, le chien est enfermé, il pourra en concevoir du ressentiment, surtout s'il pouvait aller et venir à sa guise avant l'arrivée du bébé. Mais attention : quelle que soit la confiance que vous faites à votre chien, ne le laissez jamais seul avec Bébé !

Question

Pourquoi mon chien devient-il insupportable chaque fois que je m'occupe de mon bébé ? Il vole ses jouets et ses vêtements ; si je l'enferme, il gratte à la porte et hurle à la mort.

Réponse

Il recherche simplement votre attention et sait parfaitement qu'il l'obtient en prenant les jouets du bébé, car vous vous lancez à sa poursuite, furieuse.

Les chiens, comme les enfants, se soucient peu que notre attention se manifeste par la colère, pourvu que l'on s'occupe d'eux. Commencez la toilette de Bébé après avoir attaché le chien en lui commandant de rester assis. S'il se tient tranquille, libérez-le et récompensez-le après une dizaine de secondes. À choisir, le chien préférera friandises et caresses à votre colère. Renouvelez l'expérience, cette fois en le récompensant au bout d'une minute. Vous n'arriverez pas à donner au bébé son bain la première fois, mais vous apprendrez à votre chien que se tenir tranquille pendant ces séances quotidiennes lui vaut une récompense. Lorsqu'il parviendra à rester plusieurs minutes immobile sans broncher, vous pourrez lui donner un os ou un jouet qui l'occupera pendant que vous finirez les soins de Bébé.

Berger (chien de)

C'est un extraordinaire spectacle qu'un chien de berger au travail ! Pour le voir, la montagne ou la campagne n'est pas indispensable : observez le comportement de votre propre chien. Mener le troupeau est un instinct que possèdent tous les chiens mais, depuis des années, on fait l'élevage spécifique des races chez lesquelles il est particulièrement développé. À la question : « Quand vous enlevez la laisse à votre chien dans un parc ou dans un bois, part-il en courant ? », j'obtiens rarement de mes clients une réponse positive. Le plus souvent, on me dit qu'il ne

s'en va pas très loin, qu'il revient pour s'assurer que ses maîtres le suivent, puis repart. Si je leur demande des détails, les propriétaires du chien me signalent en général que lorsqu'il revient, il passe derrière eux sur le côté, avant de repartir de l'autre côté. Si je pousse mes questions, ils ajoutent que ce manège dure tout le temps de la promenade. En fait, le chien revient non pour vérifier que ses maîtres suivent, mais pour les conduire...
Ce comportement pendant la promenade est la caractéristique classique du chien dominant, à moins qu'il ne s'agisse d'un « berger » ; dans ce cas, il adopte naturellement la conduite propre à sa race. Les maîtres reprochent à leur chien de les suivre partout dans la maison, mais si on leur demande plus de précisions, ils observent que l'animal marche devant eux la plupart du temps. Les visiteurs bénéficient aussi de ce traitement, présenté par la plupart des maîtres comme une très haute marque d'amitié. En réalité, c'est une manœuvre pour restreindre leur liberté de mouvement, objectif naturel du berger vis-à-vis du troupeau.
Même s'il ne peut s'agir d'une classification parfaitement rigoureuse, dès que maîtres et chiens ont pris place dans mon cabinet, je peux ranger le chien dans l'un de ces trois groupes principaux :

◆ Les chiens présentant des problèmes liés à l'anxiété, qui souillent la maison, détruisent, hurlent et aboient. Ceux-là restent généralement tout près de leurs maîtres pendant la consultation.

◆ Les chiens dont les problèmes de dominance se traduisent par un comportement protecteur. Ils se couchent entre la famille et moi, me tenant à l'œil, ou ils se postent devant la porte.

◆ Les chiens qui jouent avec leurs maîtres le rôle du berger et manifestent des problèmes de dominance passive. Eux aussi se couchent entre leur maître et moi, mais gardent les yeux fixés sur leur maître. Les chiens de berger se distinguent dans les épreuves de parcage des moutons, lors des concours.

Le comportement de berger n'est pas réservé au collie et à ses pareils. Tout chien, quelle que soit sa race, peut, à des degrés divers, avoir ce genre de conduite, surtout lorsque la famille l'a mis en position de leader.

QUESTION

J'ai de gros soucis avec Blue, mon border collie de 4 ans. Il passe tout son temps à courir après les ombres projetées sur le mur ou le plafond, les canards et les poissons de la mare ou nos deux chats. Quelle que soit l'énergie qu'il dépense dehors, dès qu'il arrive à la maison, il se remet au travail. Nous serions navrés de nous en séparer, mais nous jugeons égoïste de le garder, alors que sa place serait dans une ferme, auprès des moutons.

RÉPONSE

Vous auriez de la chance si vous trouviez un éleveur qui prendrait votre chien de 4 ans pour garder ses moutons ; il vaut mieux un chiot que l'on fait travailler avec un chien plus âgé. Mais pourquoi vous inquiéter ? Ses activités semblent occuper Blue de manière satisfaisante et il estime probablement qu'il fait du bon travail. Il serait mauvais de l'arrêter, il se sentirait frustré, ce qui créerait d'autres problèmes. Pourvu que vous le sortiez suffisamment, il est certainement plus heureux que beaucoup de chiens, trouvant dans la tâche qu'il s'est attribuée un exutoire à ses pulsions.

C

Cas particuliers

Mes collègues et moi rencontrons parfois des animaux au comportement étrange... Je citerai le cas d'un chien rendu dominant et agressif par sa maîtresse, qui l'avait nourri au sein. (Vous avez bien lu ! Je n'invente rien : il s'agissait d'un chien mâle adulte.) Certains chiens détestent les ampoules électriques ; dès qu'ils en aperçoivent une, ils utilisent le dos de leur maître comme trampoline pour la briser d'un coup de tête. D'autres hurlent à la nouvelle lune, même si elle est invisible dans les nuages.

Mais le cas le plus extraordinaire que j'aie eu à traiter est celui d'un chien qui avait peur des os ! Frisky était un mâle issu d'un croisement avec un bull-terrier. Au début, quand ses maîtres m'avaient parlé de sa peur, je leur avais simplement conseillé de ne pas lui donner d'os. Mais le problème était plus grave. Chaque jour, ses maîtres, Peter et son amie Claire, emmenaient leur chien chez la mère de Peter avant d'aller à leur travail. Ils devaient longer un abattoir, ce qui provoquait la panique de Frisky au point qu'il se montrait agressif si on le forçait à passer devant.

Sa peur des os était sans rapport avec l'abattoir et l'odeur possible de la mort. Mais qui peut savoir ce que les chiens peuvent sentir ? L'animal avait déjà cette attitude avant que ses maîtres ne s'installent dans ce quartier et ils avaient résolu le problème, alors sans gravité, en évitant de lui donner des os. Le jour de la consultation, j'avais placé un os à moelle frais dans l'enclos devant mon cabinet, voulant observer de mes propres yeux la réaction de l'animal. On m'avait dit que l'odeur suffisait à le mettre dans un état de panique susceptible de se muer en agressivité. Pour ma part, je m'attendais surtout à une agressivité dirigée contre la nourriture.

Je me trompais ! Après avoir interrogé les maîtres sur les habitudes quotidiennes du chien et sur son comportement dans certaines circonstances, très normal, ayant toutes les informations qui m'étaient nécessaires, je lui passai une laisse extensible et le menai dans l'enclos. À peine eut-il reniflé l'os que tout son corps se rigidifia ; les pupilles dilatées, le poil hérissé, il resta figé dans une totale immobilité pendant dix longues secondes. Puis, comme fou, il se mit à courir, tirant sur toute la longueur de la laisse dans le vain espoir de s'échapper, avant d'essayer de l'arracher de son cou. Enfin, il parut comprendre que c'était moi qui, là-bas, à l'autre bout de la longe, entravait sa fuite ; il se précipita vers moi. Un croisement de bull-terrier est un animal charmant, mais un bull-terrier qui vous cherche des crosses, c'est difficile ! Faisant appel à toute ma science et à toute mon expérience du comportement canin pour éviter une confrontation qui pouvait tourner à l'affrontement, je pris les mesures qui s'imposaient : autrement dit, saisi de panique, je lâchai Frisky qui s'engouffra par la porte ouverte de mon bureau, traînant la laisse derrière lui, ce qui ne pouvait manquer d'ajouter à sa terreur. Nous le découvrîmes recroquevillé entre le mur et mon meuble-classeur, tremblant comme une feuille.

Dans la famille, nous sommes tous adeptes des méthodes homéopathiques, en particulier des « remèdes floraux du Dr Bach » ; je décidai de donner au pauvre Frisky quelques gouttes de *Rescue Remedy*, pour l'aider à retrouver ses esprits. Je vous entends ricaner : « Quelles sont ces potions de sorcière ? » ; pourtant, c'est souvent efficace. Généralement, ces produits sont prescrits après avis du vétérinaire, mais, dans ce cas-là, nécessité faisait loi. Au grand étonnement de ses maîtres, Frisky retrouva rapidement son calme. Cependant, il ne fut pas aisé de le faire sortir de mon cabinet à la fin de la séance, même après avoir fait disparaître l'os de sa vue. En principe, face à des phobies de ce genre, je suggère un programme de désensibilisation. *(Voir Désensibilisation.)*

Mais, devant la violence de la réaction du chien dont la panique pouvait mettre en danger non seulement les personnes le tenant en laisse mais aussi l'animal lui-même, je compris qu'une thérapie du comportement ne résoudrait rien. Je recommandai à ses maîtres de prendre contact avec un vétérinaire homéopathe qui leur prescrirait un traitement plus approprié. Plus tard, j'appris qu'ils avaient suivi mon conseil. Ils avaient obtenu de très bons résultats, mais pas une guérison totale. Finalement, ils prirent la décision qui s'imposait : ils déménagèrent, achetèrent une voiture et veillèrent à ce que leur cher Frisky ne rencontre plus jamais d'os sur sa route.

Castration de la chienne

Vous ne voulez pas que votre chienne ait des petits ? La plupart des vétérinaires vous conseilleront de la faire castrer, pour la maintenir en bonne santé. Une femelle castrée, en vieillissant, est moins sujette à des infections de la matrice et à des tumeurs. Mais il est hasardeux de prétendre que cette opération a une influence bénéfique sur le comportement, à moins qu'il ne s'agisse d'un cas d'agressivité entre femelles réunies sous un même toit, ce qui n'arrive que lors des chaleurs de l'une d'entre elles. Les signaux chimiques émis par une chienne en chaleur peuvent directement agir sur les hormones des femelles qui l'entourent. Le phénomène devient plus évident dans une maison où plusieurs chiennes ont leurs chaleurs en même temps. Deux chiennes en chaleur sous un même toit sont sur un pied d'égalité et la moindre provocation peut déclencher un combat. À la différence des luttes pour la dominance chez les mâles qui se terminent généralement par la soumission ou la fuite de l'un des deux adversaires, les femelles peuvent se battre jusqu'à la mort. En dehors de ces situations particulières, la castration semble avoir peu d'effet sur un problème de comportement. Un de mes collègues, qui s'est livré à des recherches dans ce domaine, a noté que la castration n'apportait aucune amélioration et que, chez 40 % des femelles de moins de 2 ans manifestant une agressivité de dominance, elle aggravait même cette conduite.

Castration du chien

On parle à tort et à travers de cette opération, en fait assez simple. On dit qu'une fois castrés les chiens grossissent, qu'ils ne sont plus les mêmes ; on les plaint et on vous demande si vous aimeriez subir le même traitement, etc. Certes, le chien sera différent après avoir été opéré, mais généralement son caractère s'en trouvera amélioré. Dans plus de 70 % des cas de chiens castrés, on constate une amélioration de leur comportement, quel que soit leur âge. Certains vétérinaires, opposés à la castration comme moyen d'améliorer le comportement d'un chien, parlent de « chirurgie sociale », pratiquée pour le confort des maîtres. C'est parfois le cas, mais le fait est qu'il y aurait beaucoup moins de chiens errants si l'on avait plus souvent recours à la chirurgie. Personnellement, j'estime qu'il est encore plus cruel de laisser à un chien ses organes sexuels sans lui permettre d'assouvir ses pulsions.

QUESTION
J'ai un doberman de 1 an qui se montre de plus en plus agressif avec ses congénères mâles, alors qu'il adore les chiennes. Est-ce là une simple crise d'adolescence, ou bien dois-je le faire castrer ?

RÉPONSE
Il peut s'agir d'une crise d'adolescence. Le taux de testostérone du chien augmente à cet âge et l'animal ne se calmera pas avant 18 mois. Le danger est qu'il maintienne ce type de comportement. Certains indices vous permettront de déterminer si le problème est d'ordre

hormonal. Vous savez déjà qu'il déteste les chiens et adore les chiennes. Renifle-t-il et bave-t-il beaucoup lorsqu'il est dehors ? Marque-t-il souvent son territoire, généralement aux mêmes endroits ? Après avoir marqué son territoire, gratte-t-il le sol en grondant, le poil hérissé ? A-t-il une conduite asociale : par exemple, grimpe-t-il le long des jambes de vos visiteurs ?

Si vous répondez « oui » à chacune de ces questions, il faut que vous discutiez avec votre vétérinaire de la possibilité de le faire castrer. Peut-être vous suggérera-t-il un traitement à court terme visant à réduire la production d'androgène ? C'est ce que l'on appelle la « castration chimique ». En admettant que cela marche… vous saurez quel effet aura sur le chien une castration effective, ce qui vous aidera à prendre une décision. Si le faire opérer ne vous cause aucun problème, je vous conseillerais personnellement de ne pas perdre de temps avec un traitement hormonal dont vous ignorez les effets à long terme ! On n'hésite pas à faire opérer les chats, les chevaux, les cochons et les bœufs, alors pourquoi avoir tant de scrupules avec les chiens ?

Chats

Dans la plupart des dessins animés qui mettent en scène des personnages de chats et de chiens, le chien poursuit le chat, ce qui reflète la réalité. Pourquoi les chiens poursuivent-ils les chats ? Parce qu'un chat court, c'est aussi simple que cela. Poursuivre un chat est un excellent exercice pour le chien, qui est rarement animé d'une mauvaise intention. Qu'il parvienne, chose exceptionnelle, à acculer un chat, le voilà totalement désemparé. Un simple coup de griffe du chat fait reculer le chien qui laisse sa proie s'échapper. Je rappellerai qu'un chat va sept fois plus vite à griffer qu'un chien à mordre !

La plupart des chiens apprennent à cohabiter avec un chat et la fréquence de cette cohabitation dément l'expression « être comme chien et chat », qui fait de ces deux animaux des ennemis. Mes chiens vivent en bonne intelligence avec deux chats, ce qui ne les empêche pas de se poursuivre lorsqu'ils se rencontrent dans le jardin. Mes chats réussissent toujours à s'enfuir et je me demande s'ils trouvent à ce jeu le même plaisir que les chiens.

QUESTION

Je possède un boxer de 2 ans, appelé Tyson. Nous l'avons depuis l'âge de 2 semaines et le seul problème est que notre chatte de 5 ans n'accepte pas sa présence. Elle a décidé de vivre dehors et n'entre dans la maison que pour manger. Elle ressort dès son repas terminé. Comment les amener à s'accepter l'un l'autre ?

RÉPONSE

Vous ne dites pas quelle est l'attitude de votre chien à l'égard de la chatte. J'en conclus qu'il n'est pas agressif avec elle et qu'il lui fait seulement peur. Votre chatte, qui était là avant le chien, estime qu'il a envahi son territoire. Elle y reste cependant attachée, puisqu'elle revient pour manger, mais si vous n'intervenez pas rapidement, elle pourrait ne plus revenir du tout. Les chats vivent là où ils se sentent bien et si votre chatte passe plus de temps chez le voisin que chez vous, à cause de votre chien, il y a des chances pour qu'elle y soit nourrie et qu'elle change de domicile. Un chat n'a pas de maître ; il est maître d'un territoire. Vous devez donc lui restituer son territoire. La meilleure façon est de procéder pièce par pièce. La prochaine fois qu'elle viendra manger, mettez-la dans une cage spacieuse, assez grande pour contenir une petite caisse où elle aura de la place pour dormir, un bol d'eau et une écuelle. Toute manifestation d'hostilité ou de poursuite de la part du chien devra être découragée. Le but est que la chatte puisse à nouveau occuper chaque pièce de la maison sans crainte d'en être chassée. Au bout de deux ou trois jours, elle se réinstallera dans la maison.

Chiots

Pour choisir un chiot, surtout si c'est le premier que vous prenez, il y a des règles à suivre, qui porteront leurs fruits à long terme. Voici quelques conseils :

- Avant de vous décider pour une race, informez-vous sur ses besoins en exercice, sa taille, son pelage, ses instincts. Et demandez-vous si ce genre de chien sera en accord avec votre genre de vie.
- Adressez-vous à un éleveur qui vous présentera les chiots avec leur mère. Méfiez-vous si, pour une raison ou pour une autre, on ne peut vous montrer la mère.

Peut-être n'a-t-elle pas bon caractère, ou l'éleveur n'est-il en fait qu'un « marchand » revendant des chiots nés ailleurs.

◆ Ne vous emparez pas nécessairement de celui qui se précipite pour vous faire la fête. C'est peut-être le plus dominant de la portée et s'il vous choisit, il pourrait vous mener par le bout du nez. Ne prenez pas non plus celui qui se tient à l'écart et que les autres chiots ignorent. Il risquerait de devenir nerveux en grandissant et de se montrer trop soumis. Choisissez-en un qui ait de l'assurance sans trop d'arrogance.

◆ Arrangez-vous avec l'éleveur pour prendre possession du chiot quand il a entre 7 et 9 semaines. Jusqu'à 7 semaines, c'est la période de socialisation canine. Il est d'une importance vitale que les chiots la passent avec leur mère et leurs frères et sœurs. De 7 à 14 semaines, c'est la période de socialisation humaine, au cours de laquelle les chiots apprennent à devenir des chiens domestiques. Chaque semaine de retard dans cette étape leur fait rater cet apprentissage essentiel et fortifie leur attachement à leurs congénères. Ces chiens-là ne se lient jamais vraiment aux humains et, même s'ils vivent avec eux, c'est auprès de leurs semblables qu'ils sont les plus heureux. Veillez donc à ne pas choisir un chiot de plus de 14 semaines pour en faire votre compagnon. *(Voir Socialisation.)*

Les « producteurs » de chiots, comme leur nom l'indique, n'élèvent les chiens que pour le profit et les font souvent vivre dans des conditions consternantes : vieilles caravanes, appentis à courants d'air, granges... Lorsque les femelles ont mis bas, on leur enlève leur portée — les chiots n'ont souvent que 4 semaines ! —

uniquement pour qu'elles soient aptes à une nouvelle fécondation. On charge les chiots dans des cageots avec une nourriture inadéquate pour les vendre à des marchands qui les revendront à la famille d'adoption. Comme on ne se méfie pas, on se retrouve quelques jours plus tard avec un chiot malade, atteint de gastro-entérite par exemple. Les nouveaux maîtres, déjà attachés à l'animal, dépenseront de grosses sommes pour le soigner.
Beaucoup de chiens sont vendus avec des pedigrees impressionnants, faux généralement, car n'importe qui peut obtenir un formulaire où il lui suffit de recopier une lignée d'ascendants relevée dans un répertoire spécialisé. Ce réseau de vente est fort bien organisé ! Mais sachez qu'ils sont vendus, avec leurs pedigrees de fantaisie, dix fois le prix qu'ils leur ont coûté ! Des organisations essaient de mettre fin à ce trafic écœurant, mais c'est très difficile. Le meilleur moyen est d'éduquer les acheteurs potentiels. Si chaque acquéreur insistait pour voir la mère avec sa portée et faisait une enquête chez l'éleveur si on le lui refusait, il n'y aurait plus ce commerce de chiots…

Collier étrangleur

Commercialisé lors de la Première Guerre mondiale, le collier étrangleur, qui vise non à étrangler mais à contenir l'animal, a été dénoncé par certains comme un instrument cruel et barbare. Je suis contre l'usage de ce collier que l'on trouve en vente libre dans toutes les boutiques, sans la moindre notice d'utilisation. Personne n'est capable de vous indiquer la taille convenant à votre chien et sa sensibilité n'est pas prise en compte. *(Voir Sensibilité.)*

Je vois trop souvent entrer dans mon cabinet des chiens aux yeux rouges et exorbités, la langue bleue parce que le sang n'est plus oxygéné tant le collier les serre, ce qui n'empêche pas ces chiens de continuer à tirer sur leur laisse comme des fous ! Or c'est justement pour leur faire perdre cette habitude que les maîtres leur mettent de tels colliers ! Je constate même une altération des tissus et des muscles due à la constante pression du collier. Ce collier étrangleur n'est vraiment pas indispensable… *(Voir Tirer sur la laisse.)*

Contrainte

Pendant longtemps, la conception navrante : « Je suis un homme, tu es un chien, tu dois obéir ! » a prévalu dans le dressage des chiens. La contrainte étant une violence exercée contre quelqu'un, cela jette une ombre sur la relation homme-chien si souvent idéalisée. Il est intéressant de noter que nous ne dressons pas les autres animaux par la contrainte ; de même, nous apprenons mal sous la contrainte. En usant de la contrainte pour dresser nos chiens, nous risquons de leur apprendre à fuir. Plutôt que de forcer un chien, mieux vaut le motiver par des récompenses, l'amener à faire avec plaisir ce que nous lui demandons.

QUESTION

Depuis quelque temps, je suis des cours de dressage avec mon chien… Et il refuse toujours de se coucher lorsque je le lui demande ! J'ai essayé toutes les méthodes conseillées, par exemple appuyer juste derrière les omoplates tout en lui faisant baisser la tête à l'aide de sa laisse après lui avoir mis un collier étrangleur. Si je parviens enfin, par la force, à le faire se coucher, à peine l'ai-je lâché qu'il se relève. Nous en sommes arrivés à un stade où il réagit à l'ordre « couché ! » soit en prenant la fuite, soit en se figeant au bout de sa laisse. Pouvez-vous me donner des conseils ?

RÉPONSE

Vous avez appris à votre chien à associer l'ordre « couché ! » à une expérience désagréable. Soumis à une pression, les animaux comme les êtres humains résistent par une contre-pression. C'est là une réaction normale... Mettez-vous à la place de votre chien qui, entendant pour la première fois le mot « couché » sans savoir ce qu'il signifie, se voit aussitôt après poussé au sol. Il résistera automatiquement et vous exercerez encore plus de pression. Le mot « couché » aura pris pour lui le sens de « poussée ». En utilisant des méthodes qui suscitent une résistance, nous bloquons le processus d'apprentissage de l'animal, qui mettra tous ses efforts dans la résistance plutôt que dans l'apprentissage. Je vous suggère par exemple d'utiliser le commandement « au sol ! », qui ne provoque pas d'appréhension chez votre chien, et de lui offrir une friandise sous une table basse, ce qui l'obligera à se coucher pour la prendre. Au bout d'un certain temps, il aura compris que c'est la seule façon d'obtenir la récompense et la table ne sera plus nécessaire. L'exercice peut être répété trois ou quatre fois dans la journée sans que le chien se lasse. Simple et efficace, cette méthode ne fait appel à aucune contrainte.

Creuser

Ce comportement est plus fréquent chez certaines espèces comme le terrier. Les espèces nordiques comme le husky et le malamute creusent des trous pour dormir ou pour se protéger du froid, mais tout chien creuse pour une raison ou pour une autre. L'animal se sert de ses pattes avant, rejetant la terre derrière lui, et remplit ensuite l'excavation avec son museau. Certains maîtres ont remarqué que leurs chiens poussaient parfois leur écuelle de leur museau sur le sol de la cuisine, avant de s'éloigner sans terminer leur repas. C'est là un réflexe d'enfouissement, rituel associé à l'acte de creuser, qui témoigne d'une suralimentation.

Les passionnés de jardinage qui ont un chien seront furieux de voir leurs belles plates-bandes saccagées par leur cher animal, nullement malintentionné mais excité par l'odeur de la terre fraîchement retournée. Si vous voulez préserver vos plantations, empêchez votre chien d'avoir accès à cette partie du jardin en lui réservant un espace où il pourra enfouir ses jouets et ses os.

QUESTION

Notre border collie a 10 ans. Nous l'avons eue lorsqu'elle était toute petite et elle a toujours été un amour. Lorsque nous avons allumé le chauffage en novembre, elle a cherché à creuser le sol dans la cuisine sous sa couche, placée au-dessus de la tuyauterie du chauffage central. Puis elle s'est attaquée au carrelage un peu plus loin et elle a essayé de creuser des trous au milieu de la cuisine. L'ayant prise plusieurs fois en flagrant délit le matin avant de partir, on l'a grondée, mais elle a continué. Nous ne voulons pas la laisser dormir dans le salon, de crainte qu'elle n'attaque la moquette… Y a-t-il un moyen de l'empêcher d'agir ainsi ?

RÉPONSE

Je vous conseillerais de purger le circuit de chauffage. Le fait que votre chienne ait cherché à creuser d'abord au niveau de la canalisation, sous sa couche, en novembre, époque où l'on remet généralement le chauffage, me fait supposer qu'il y a de l'air dans vos tuyaux et qu'elle pense y trouver une taupe.

Depuis, j'ai appris que mes clients, suivant mes conseils, avaient purgé leurs radiateurs. Il y avait bien de l'air dans les canalisations. Les radiateurs purgés, la chienne avait cessé de creuser.

D

Désensibilisation

Ce terme est souvent utilisé par les comportementalistes pour décrire le processus par lequel on amène un chien à accepter quelque chose qu'il ne pouvait supporter auparavant. On peut ainsi désensibiliser un chien effrayé par un bruit précis en faisant un enregistrement qu'on lui fera écouter pendant que l'on prépare sa nourriture, puis pendant qu'il mange. Lui faire entendre ce bruit à faible volume avant une activité qui lui est agréable diminue sa peur et la remplace progressivement par un plaisir anticipé. On augmentera peu à peu le volume tout en surveillant la réaction de l'animal. Il ne faudra jamais précipiter les choses, toute accélération du programme risquant de réduire à néant ses progrès.

Destructeur (comportement)

Question

Pourquoi mon chien Ben, un bâtard de 3 ans, détruit-il tout autour de lui quand nous le laissons seul ? Il ne nous avait causé aucun problème jusqu'à il y a six mois, époque où mon mari était parti trois semaines en voyage d'affaires. À son retour, Ben manifesta à son égard une attitude presque agressive ; depuis, on ne peut plus le laisser seul sans qu'il fasse des dégâts.

RÉPONSE

Il refuse tout simplement de rester seul. En l'absence de votre mari, Ben s'est attribué le rôle de mâle dominant. Sans vous en rendre compte, vous l'y avez peut-être encouragé, en le laissant par exemple dormir dans votre chambre pendant ces trois semaines. Dans ce cas, il n'est guère étonnant qu'il ait mal supporté le retour de votre mari. Il suffit d'accorder à un chien durant un certain temps une plus grande attention et des privilèges plus importants pour qu'il considère différemment son rôle. Il faut que vous rétrogradiez Ben au plus vite, non seulement pour pouvoir le contenir, mais aussi pour la sécurité de votre mari. Si, en l'absence de celui-ci, Ben a estimé que c'était lui qui commandait, il s'est forcément senti menacé par son retour. Montrez-lui que c'est vous qui commandez pendant que votre mari est en voyage, quelle que soit la durée de son absence, et il n'y aura aucun problème quand il reviendra. N'enfermez pas un chien pour rien…

Dissuasion sonore

Au fil des années, j'ai découvert que la dissuasion sonore est un moyen efficace pour corriger des comportements indésirables sans avoir recours à la contrainte. Bien appliquée, elle a pour effet de culpabiliser le chien. Le chien abandonne le comportement qu'il avait au moment où le bruit désagréable s'est produit, pensant l'avoir provoqué. Cette thérapie a l'énorme avantage pour le maître de ne pas affecter sa relation avec l'animal, puisque c'est ce dernier qui se sent en faute.

Dans la plupart des cas, j'utilise une méthode reposant sur l'utilisation de « disques d'apprentissage pour chien ». Il s'agit d'une série de disques de cuivre qui émettent un son particulier. Ce n'est pas un ultrason, il n'est ni grave ni aigu, mais il ne ressemble à aucun autre. Si vous produisez ce son au moment exact où l'animal a le comportement que vous désirez corriger, vous le conditionnerez petit à petit à ne pas le répéter. L'efficacité de la méthode dépend essentiellement de la façon dont nous l'appliquons au début, et pour qu'elle réussisse, il faut dès le départ que le comportement du chien réponde à un schéma précis.

Voici comment je procède. Le premier jour, le chien est enfermé dans mon cabinet, mais n'est pas attaché. Je m'installe dans un coin de la pièce, le maître du chien étant assis à l'opposé. J'appelle l'animal et lui offre deux ou trois friandises, ponctuant mes gestes de ces simples mots : « C'est pour toi. » Je pose ensuite une friandise à mes pieds et, dès que le chien s'en approche, je lance les disques près de la nourriture avant de ramasser prestement le tout. J'engage alors une conversation avec le maître du chien, ignorant délibérément l'animal. Je feins de ne pas être concerné par ce qui vient de se passer, je considère que le chien en est responsable. La plupart des chiens soumis à cette épreuve ne tardent pas à renifler le sol, à la recherche des friandises, ayant déjà tout oublié des disques et du bruit qui les accompagne.

Au bout d'une quinzaine de secondes, je répète l'opération. Après quatre à cinq fois, quand je pose les friandises sur le sol, le chien va se coucher aux pieds de son maître, de l'autre côté de la pièce. Il a atteint ce que j'appelle le stade du « Ha ha ». Ha ha ! se dit le chien, s'il me présente la nourriture, je la prends, mais s'il la pose par terre, catastrophe ! Le chien apprend que l'action d'aller vers la nourriture provoque une réaction, et dès lors, il vous suffira d'agiter les disques sous son nez pour l'arrêter net dans son élan.

On peut se servir des disques dès les premières manifestations d'un comportement indésirable auquel on veut mettre fin. On a vu que le chien retourne toujours vers son maître, attitude dont il faudra le féliciter, car le maître doit être synonyme de sécurité. Les disques ne doivent pas servir à exprimer la colère ou se transformer en projectiles — ils constituent simplement une réaction à une action répréhensible et ont pour effet de déstabiliser le chien qui recherchera aussitôt protection auprès de son maître.

Examinons maintenant un problème très courant et voyons comment le résoudre à l'aide des disques. Il s'agit du chien qui se précipite vers la boîte aux lettres et détruit les lettres et les chèques… mais s'arrange pour laisser intactes les factures. Le facteur est l'ennemi juré de la gent canine. Dans certains pays comme la Grande-Bretagne, les laitiers et les livreurs de journaux sont également des victimes toutes désignées. La raison en est simple : voici des individus qui chaque jour, à heures régulières, envahissent le territoire du chien qui réussit malgré tout à les mettre en fuite par ses aboiements. Le chien ignore, bien sûr, que les intrus seraient partis de toute façon, qu'il aboie ou non. Mais il n'en « démord » pas : leur fuite est son œuvre. Il suffit de trois ou quatre fois pour que le chien garde en mémoire les bruits spécifiques qui accompagnent cette intrusion, ainsi que le moment précis de la journée où elle se produit. Et, pour notre brave toutou, la répétition de ce scénario l'a transformée en expérience très gratifiante. Surviennent alors des visiteurs qui ne s'enfuient pas. Le chien apprend à faire des nuances. Si le facteur et ses collègues livreurs avaient le temps de faire ami-ami avec le chien, il cesserait d'aboyer.

Revenons à notre problème de boîte aux lettres. Demandez à une personne de votre connaissance de se présenter à votre porte à une heure convenue et de faire du bruit en tapant sur la boîte aux lettres. Attendez que votre chien se précipite vers elle, et lancez les disques contre la porte au moment où le chien y parvient. Ne dites pas un mot. Votre complice ne devra mettre aucune lettre dans la boîte. Il s'agit de ne pas distraire l'attention du chien. Dix minutes plus tard, recommencez l'opération, toujours sans glisser de lettres dans la fente. À la troisième fois, vous pouvez mettre une lettre dans la boîte, mais je doute que le chien s'en aperçoive, car il n'ira même pas jusqu'à la porte. Le matin suivant, vous devrez être présent à l'arrivée du vrai facteur, car votre chien connaît le bruit du moteur de son véhicule et les circonstances seront quelque peu différentes de celles de l'exercice.

Un faible pourcentage de chiens ne réagit pas aux disques. Pour eux, je conseille d'utiliser une alarme portative, comme celles qui nous servent à donner l'alerte en cas d'agression. C'est une bombe remplie de gaz munie d'un sifflet. En appuyant sur le poussoir, on libère un jet de gaz qui actionne le sifflet. Attention : ne pas l'utiliser trop près des oreilles du chien ou dans le voisinage immédiat d'autres animaux qui pourraient prendre peur. L'emploi de la bombe n'a pour objet que d'inspirer de l'aversion à votre chien. D'une grande efficacité, elle repose sur le principe qu'une action indésirable provoque une réaction déplaisante.

AUTRES MÉTHODES DE DISSUASION PAR L'AVERSION

Le principe de l'aversion est de conditionner le chien à associer un sentiment de répulsion à chaque action condamnée par son maître. Cela dit, je suis totalement opposé à l'utilisation des colliers électrifiés, sauf en dernier recours, après l'échec de toutes les autres méthodes. Cette thérapie doit être pratiquée par des experts capables d'interpréter les réactions de l'animal qui aura préalablement subi un examen médical complet. On use et abuse de cette méthode aux États-Unis, en Allemagne et dans beaucoup d'autres pays.

Lorsqu'une thérapie d'aversion est souhaitable, j'emploie des techniques non douloureuses qui, dans la mesure du possible, n'ont pas l'air de faire intervenir le maître. Quand la dissuasion sonore est impossible à pratiquer, parce qu'elle nécessite la présence du maître ou d'un tiers, j'utilise des objets piégés ou j'ai recours à des techniques de dissuasion gustative.

Supposons que votre chien adore faire la poubelle. Cette activité est extrêmement gratifiante pour l'animal et il n'est guère facile de lui en faire perdre l'habitude. Vous pouvez, certes, enfermer la poubelle en votre absence, mais le chien n'aura strictement rien appris. Un jour, vous oublierez de le faire et votre chien s'en donnera à cœur joie.

La plupart des magasins de farces et attrapes vendent de petites amorces inoffensives fournies avec un détonateur à ressort. Une fois posée, l'amorce est maintenue par le poids de l'objet que vous voulez piéger : dans notre cas, le couvercle de la poubelle. Dès que la pression se relâche, elle explose. Bourrez la poubelle de papier et ajoutez sur le tas un chiffon imbibé d'une sauce odorante. Votre chien n'y résistera pas ! Je doute qu'il ait le courage de recommencer après la première déflagration. Mais, s'il s'avise de soulever de nouveau le couvercle, deux ou trois autres explosions devraient définitivement lui en faire passer l'envie. Cette petite astuce peut évidemment s'employer pour le guérir d'autres mauvaises habitudes.

La dissuasion gustative est tout à fait indiquée dans le cas d'un animal dont le mâchouillement permanent est dangereux ou a des conséquences extrêmement coûteuses. Et on a souvent recours à cette méthode lorsque le chien s'attaque aux fils électriques. Pour ma part, j'utilise un produit qui a un goût amer ; il peut servir à empêcher l'animal de s'arracher un bandage ou de lécher une blessure et est particulièrement efficace, bien utilisé, pour décourager toute forme de mâchouillement.

Voici comment procéder : procurez-vous un parfum bon marché que vous aurez fortement dilué avant d'en remplir une bouteille munie d'un vaporisateur. Imbibez ensuite un mouchoir du produit au goût amer. Étalez le mouchoir par terre. À quelques centimètres de là, vaporisez le parfum dilué sur le sol. Appelez votre chien. Pendant que son flair extrêmement développé enregistre les caractéristiques du parfum, ramassez le mouchoir et introduisez-le dans sa gueule. Maintenez-lui les mâchoires serrées quelques secondes, laissez-le recracher le mouchoir. Regardez comme il éternue, salive, crache et se frotte le museau sur la moquette !

Vaporisez du parfum dilué à quelques centimètres de l'objet à protéger. À peine votre chien l'aura-t-il flairé qu'il se souviendra de son goût infect et se tiendra tranquille. Dès lors, vous pouvez utiliser le parfum dilué pour éloigner le chien de tous les endroits où il n'a rien à faire, sans même avoir recours au répulsif. Le chien continuera à sentir le parfum longtemps après que nous aurons cessé de le percevoir.

Enfin, moyen encore plus simple, mais non moins efficace, l'eau permettra également d'obtenir d'excellents résultats. Toujours selon le principe action/réaction, un peu d'eau que vous vaporisez au bon moment peut avoir un effet étonnant sur votre chien. Beaucoup de gens vous diront que ce n'est pas dissuasif car leur chien adore courir autour du tourniquet du jardin ou boire au tuyau d'arrosage, mais sachez qu'une giclée d'eau sur la truffe, c'est tout autre chose !

Dans toutes les formes de thérapie d'aversion existantes, les premiers moments seront décisifs, et il sera important que le chien ne sente jamais de votre part une menace ou de la colère. Il faudra toujours garder en mémoire qu'une action entraîne une réaction et faire de ce principe son guide, quelle que soit la méthode utilisée.

Dominance

Lorsque qu'on parle de chien dominant, on a généralement l'image d'un animal agressif. Un chien au caractère dominant sera plus enclin à l'agressivité si sa position est menacée, mais l'agressivité est surtout le fait des chiens génétiquement dominants. D'autres manifestent ce que j'appelle une « dominance passive ». Menacés dans leur position, ces chiens n'en sont pas pour autant agressifs. Ils deviennent simplement très désobéissants et hyperactifs. Ils jouent les idiots. Je vois régulièrement des chiens qui n'obéissent pas ; très affectueux à l'égard des visiteurs, sociables à l'extérieur, toujours dans les jambes de leurs maîtres, ces chiens généralement adorables ont dans la maison une position dominante parce que chacun s'efforce de les contenir ; ils deviennent le centre de l'attention. Si vous demandez à votre chien de descendre de votre lit et qu'il se mette à gronder, c'est une attitude de dominance active. Le chien dominant passif, lui, lève son arrière-train comme pour jouer. Lorsque vous l'attrapez par son collier pour le faire descendre, il se met sur le dos, essayant d'entraver vos bras de ses pattes. Il fera plusieurs fois le tour de la pièce et sautera de nouveau sur le lit avec un « wouf » espiègle. Vous sourirez en pensant : « Ce chien est idiot », mais sachez qu'il vous a dit « non », comme le chien agressif...

La dominance est donc avant tout un état d'esprit. Si le chien, quelle que soit son hérédité, vous reconnaît comme dominant, il sautera du lit quand vous le lui ordonnerez, ou il n'y montera même pas. Par un dressage, vous arriverez peut-être à imposer votre autorité au chien de type passif placé dans une position dominante, mais le chien génétiquement dominant de type agressif vous forcera à l'affronter. Quelle que soit la forme de dominance, il est toujours préférable de rétrograder d'abord le chien dans la tanière (la maison). On peut y arriver sans affrontement en établissant certaines règles. *(Voir chapitre III.)*

QUESTION

Pourquoi mon chien lève-t-il aussi souvent la patte ? C'est un saint-bernard de 3 ans que nous avons fait castrer à l'âge de 15 mois parce qu'il ne pouvait être utilisé pour la reproduction, ayant un problème de vue. Je suis sûr que sa manie n'est pas un marquage de territoire, car il n'est pas agressif envers les autres chiens et il fait cela uniquement lorsqu'il est en laisse. Plus exactement, c'est quand j'essaie de l'empêcher de tirer sur sa laisse qu'il se conduit ainsi. Mon chien est plus costaud que moi ; j'ai beau lui mettre un collier étrangleur, il semble totalement ignorer mes ordres et mes efforts.

RÉPONSE

Il n'ignore pas vos efforts, au contraire, et c'est pour cela qu'il lève la patte ! Dans ce cas précis, lever la patte est une attitude de dominance. Parce que vous faites de ces séances des épreuves de force et comme vous n'arrivez à rien, vous montrez à votre chien qu'il est plus fort que vous. Chaque fois que vous tenterez de le maîtriser physiquement, il continuera à lever la patte, comme pour vous défier. Je vous conseille d'abord d'analyser son comportement chez vous, de voir quels sont les privilèges que vous lui accordez : si vous le nourrissez avant tout le monde, si vous lui laissez passer la porte le premier, dormir dans votre chambre, sur le canapé, etc. Lorsque vous aurez fait en sorte qu'il vous octroie, au sein de votre foyer, les privilèges dus à votre rang, il sera moins enclin à vouloir vous précéder. Pour l'empêcher de tirer, employez un collier-laisse, qui exclut l'utilisation de la force. S'il n'y a plus de compétition, le chien n'a plus rien à gagner à lever sans cesse la patte.

Dresseurs

Il y en a de très bons et leur nombre s'accroît... Mais la méfiance se justifie lorsque l'on montre une confiance aveugle à celui qui arbore le titre de dresseur alors qu'il n'a pas les qualités requises. J'ai entendu parler d'un club dont on a poursuivi l'instructeur pour le traitement cruel auquel il soumettait un chien agressif. Chaque fois que l'animal grognait contre un autre chien, il le laissait suspendu à un collier étrangleur, presque jusqu'à l'évanouissement. Quand la SPA examina le chien, on lui trouva des marques rouges autour du cou. Beaucoup de mes clients sont ainsi capables de cruauté car ils pensent que c'est la seule manière de résoudre leur problème avec leur chien.

Bien que j'exerce aujourd'hui comme comportementaliste, j'ai acquis mon expérience en dressant des chiens. J'ai rejeté quantité de techniques traditionnelles pour étudier et appliquer des méthodes plus scientifiques de renforcement positif. Aujourd'hui, je pense que l'on ne doit pas suivre les conseils d'un dresseur qui pourraient se révéler dangereux pour son chien. Le dressage des chiens a enfin comblé son retard, mais il reste encore un grand nombre de dresseurs qui refusent d'évoluer et n'ont recours qu'à la punition pour résoudre un problème. J'encourage les propriétaires d'animaux à multiplier les recherches pour trouver un club utilisant des techniques modernes de dressage.

E

Enfants

La conduite des enfants dans une maison influe de manière considérable sur le comportement d'un chien, à plus forte raison s'il fait partie de la maisonnée depuis son plus jeune âge. Un environnement calme a un effet apaisant sur le chiot, le contraire peut être éprouvant. Beaucoup de maîtres me déclarent que leurs chiens sont hyperactifs. Je demande en général à voir l'animal avec toute la famille, et je m'aperçois souvent que la soi-disant hyperactivité reprochée au chien va de pair avec celle des enfants. Ce n'est pas une excuse pour les parents propriétaires de chiens dont l'autorité est insuffisante. Deux questions se posent : Y a-t-il beaucoup plus d'enfants hyperactifs — et de chiens hyperactifs — qu'autrefois ? Si l'on pense que c'est le cas, doit-on mettre en cause le laxisme des parents ?
J'ai constaté que les parents qui ont de l'autorité sur leurs enfants rencontrent moins de difficultés avec leur chien. Si je reconnais que certains enfants ont une influence fâcheuse sur les chiens, je suis en revanche sincèrement persuadé que les chiens sont bénéfiques aux enfants. Le chien est un ami fidèle, un compagnon auquel l'enfant peut parler et se confier. Les chiens peuvent apporter aux enfants un sentiment de sécurité et leur donner le sens des responsabilités. À mes yeux, il ne fait aucun doute que l'enfant retire de la

présence du chien beaucoup plus de profits que d'inconvénients.
Les problèmes viennent du manque de confiance du chien à l'égard des enfants. Lorsqu'un couple sans enfants achète un chiot, il est important que les premières rencontres de l'animal avec des enfants s'effectuent sous contrôle, sinon leur brusquerie et leurs voix aiguës le pertuberont. En ne recevant au début, pendant quelques semaines, que des friandises données par un enfant, le chien verra son appréhension disparaître. Cependant, évitez de faire courir un risque à vos enfants si vous vous méfiez de la réaction du chien à leur égard.

Question

J'ai deux chiens : un berger allemand de 18 mois et une chienne rottweiller de 2 ans. Nous avons un assez grand jardin, entouré d'une haute clôture, mais nous sommes à proximité d'une école et, tous les matins, les enfants excitent les chiens en donnant des coups dans la palissade ; parfois ils leur jettent toutes sortes de choses. Mes chiens sont comme fous et je suis obligé de les enfermer. Une fois dans la maison, ils continuent à aboyer furieusement, entendant toujours le vacarme fait par les enfants. Je crains que l'un d'entre eux ne finisse par se faire mordre.

Réponse

Votre crainte est justifiée. Sans s'en rendre compte, ces enfants sont en train de conditionner vos chiens à mordre. Tout animal enfermé ou attaché qui est exposé régulièrement à un stimulus désagréable finira, si l'occasion lui en est offerte, par répondre au stimulus.

Le problème est d'autant plus délicat que vos chiens appartiennent à des espèces de garde. À moins de déménager, vous n'avez pas d'autre recours que de les garder enfermés en votre absence. Peut-être par la dissuasion sonore parviendrez-vous à faire cesser leurs aboiements, mais la seule véritable solution est de supprimer le stimulus.

À votre place, j'irais à l'école et j'expliquerais au directeur quels risques courent ces enfants. Si vos chiens sont en temps normal inoffensifs, proposez-lui d'organiser une rencontre avec un maître-chien qui parlerait aux enfants des chiens en général, tout en glissant quelques mots sur les dangers que l'on court à exciter un animal derrière une clôture. Après tout, ces enfants ne font que s'amuser sans se rendre compte des conséquences de leurs actes.

Épilepsie

L'épilepsie n'est pas un trouble du comportement, c'est une maladie héréditaire. Si j'en parle ici, c'est que, depuis deux ou trois ans, j'ai pu remarquer que les programmes de modification du comportement que j'avais établis pour des chiens épileptiques dont les maîtres étaient venus me voir pour des troubles du comportement avaient réduit leurs crises. Je ne prétends pas qu'un meilleur contrôle de son comportement guérisse le chien de l'épilepsie. Je ne me souviens pas que l'on m'ait amené un chien épileptique présentant un problème d'attachement à ses maîtres. Aussi loin que remontent mes souvenirs, tous les troubles comportementaux que j'ai observés chez les chiens épileptiques étaient liés à un problème de dominance. Si un chien prédisposé à l'épilepsie endosse de surcroît la responsabilité de chef de meute, cette charge lui causera un stress important. Un chien stressé en permanence aura davantage de crises. Or prendre des vacances est le seul remède possible contre le stress.

Euthanasie

La mort d'un animal domestique est un triste événement, mais c'est là une échéance à laquelle nous devons nous préparer... Quelle qu'en soit la raison, bien plus douloureuse est la perspective de devoir mettre prématurément un terme aux jours de nos fidèles et dévoués compagnons. C'est une terrible décision que, souvent, nous ne nous sentons pas le courage de prendre. Néanmoins, en tant que maîtres, la responsabilité nous incombe d'épargner des souffrances à notre animal.

J'exprime toute ma sympathie aux personnes qui ont pris la décision de faire piquer leur chien, pour son bien, et qui en éprouvent depuis du remords ; je sais ce qu'elles ont ressenti. Mais ceux qui hésitent à faire piquer leur animal tergiversent par égoïsme, par peur de souffrir. Ils essaient également de se rassurer en se convainquant que tout va s'arranger. Diminués, privés de leur dignité, nos chiens ont besoin de nous pour les aider. Même si nous faisons tout ce qui est possible pour prolonger leur vie, si la santé de l'animal ne s'améliore pas, c'est au maître qu'il revient de prendre la décision finale. Son chagrin sera proportionnel à l'amour qu'il portait au chien de son vivant. Le chagrin du maître n'est-il pas pour son compagnon défunt la plus belle épitaphe ?

F

Fuite

Nous avons deux sortes de cas. Le premier est lié à l'anxiété. Ne supportant pas d'être seul, le chien gratte aux portes et aux fenêtres, cherchant à creuser un trou par où se glisser pour suivre son maître. *(Voir Anxiété.)*

Dans le deuxième cas, nous avons affaire aux rois de l'évasion qui, quel que soit l'obstacle, que le maître soit là ou non, arrivent toujours à s'échapper pour aller explorer le vaste monde. C'est cette deuxième catégorie que nous étudierons, en nous posant ces deux questions : Qu'est-ce qui pousse le chien à s'enfuir ? Quelles mesures ont été prises pour l'en empêcher ?

En découvrant ce qui attire le chien à l'extérieur, nous pourrons soit supprimer l'objet de sa quête, soit faire en sorte qu'il trouve satisfaction sur son propre territoire. Si, par exemple, il cherche dehors une plus grande stimulation, vous pourrez la lui offrir en le sortant davantage. S'il s'échappe pour rejoindre une chienne en chaleur, le problème disparaîtra de lui-même avec les chaleurs de la chienne, mais d'autres tentations pourront s'offrir au chien. Le remède radical pour les Roméo partant retrouver leur Juliette est la castration. *(Voir Castration du chien.)*

Il y a peut-être une raison dans le voisinage : quelqu'un qui a l'habitude de laisser dehors de la nourriture pour

les animaux errants, ou qui nourrit votre chien lorsqu'il passe par là. Expliquez le problème à votre voisin et vous trouverez très certainement un arrangement à l'amiable. Certains chiens s'échappent régulièrement le jour du ramassage des ordures, ne pouvant résister au plaisir d'aller fouiller dans les sacs-poubelle déposés dans la rue. La solution sera de les enfermer jusqu'au passage des éboueurs.
Une autre solution est de mettre en place des dispositifs de sécurité. De hautes clôtures ne résoudront pas le problème si votre chien est un grimpeur. Si votre propriété n'est pas clôturée, vous devrez construire un enclos pour le chien. Mais l'animal qui a une bonne raison de s'échapper saisira la moindre occasion pour se sauver ! Pourtant, il est cruel d'empêcher un chien qui s'ennuie de s'échapper ; il vaut mieux lui offrir un dérivatif à son ennui...

QUESTION

Nous avons une propriété de cinq hectares à la campagne et deux chiens : un greyhound de 4 ans et un dalmatien de 2 ans. Il est impossible de clôturer tout le périmètre et, jusqu'à présent, ce n'était pas nécessaire. Une nuit, un renard est apparu sur la terrasse et nous avons lâché les chiens pour qu'ils le chassent. Mais le renard revint, les chiens avaient disparu... et ne reparurent qu'à l'aube. Nous avons appris que, cette nuit-là, plusieurs moutons avaient été égorgés et nous avons pensé qu'il s'agissait de nos chiens. Depuis, nous ne les lâchons plus dans la propriété, et je trouve dommage d'avoir tout ce terrain sans que nous puissions en faire profiter nos chiens. Comme nous n'avons jamais eu ce genre de problèmes auparavant, estimez-vous que ce n'est là qu'un accident ?

Réponse

Ce n'est peut-être qu'un accident, mais si vos chiens ont tué ces moutons, ce qui est probable, il y a de fortes chances pour qu'ils recommencent, cette chasse au renard ayant réveillé leurs instincts. À mon avis, ils récidiveront parce que leur instinct de chasseurs aura repris le dessus. Certains vous conseilleront de faire piquer vos chiens et vous y serez probablement obligés si l'incident se renouvelle. Plutôt que d'en arriver à cette extrémité, je vous propose de maintenir vos chiens dans un enclos ou dans un vaste espace entouré d'une clôture électrique. Je vous suggère d'intercaler des repères visuels, tels des pieux peints en blanc. Lorsque les chiens auront appris à ne pas s'en approcher, vous pourrez enlever la clôture en gardant les pieux pour la dissuasion. Il faudra au début surveiller vos chiens et tester la réaction de chacun à tour de rôle. Une solution du même ordre, mais plus onéreuse, consiste à enterrer un fil porteur d'une onde hertzienne. C'est le procédé dit de « la clôture invisible ». Équipé d'un collier spécial muni d'un récepteur, le chien déclenche un signal sonore dès qu'il s'approche de la clôture enfouie. Il recevra un léger choc s'il continue à avancer.

G

Garde

L'instinct de garde est commun à plusieurs races de chiens, bien qu'il soit plus développé chez certaines espèces physiquement plus aptes à cette fonction. Cette faculté a probablement été à l'origine, à l'âge de la pierre, des premières relations homme-chien. En abandonnant les reliefs des bêtes abattues aux meutes de chiens sauvages qui traînaient autour des campements, les hommes primitifs encourageaient sans doute ces meutes à les suivre d'un terrain de chasse à un autre. Ils comptaient sur elles pour donner l'alerte, en cas de danger, lorsqu'ils étaient tous rassemblés autour du feu. Peut-être un jour un enfant a-t-il recueilli un chiot égaré ou abandonné par la meute, qui serait ainsi devenu le premier chien de garde domestique.

C'est d'abord pour la garde que le chien s'est montré précieux, son utilité pour la chasse ayant été découverte plus tard. Aujourd'hui, quelle que soit la taille du chien, on continue à l'apprécier pour ses qualités de gardien. À l'époque où j'étais maître-chien, un cambrioleur, que le hasard m'avait fait rencontrer, m'a avoué que ce n'était pas tant la taille du chien qui le tracassait que la crainte qu'il n'aboie, réveillant toute la maison. Poussé à l'extrême, l'instinct de garde peut poser des problèmes. On voit des chiens se mettre à défendre des

objets contre les membres de la famille avec laquelle ils vivent, ou empêcher des personnes, visiteurs ou autres, de s'approcher de leurs maîtres.
Ce problème, qui peut avoir différentes causes, se manifeste de manière plus aiguë chez les races de chiens de garde. L'hérédité étant un facteur important, si la mère et le père du chien ont la réputation d'être de féroces gardiens, alors vous ne pouvez pas faire grand-chose ! C'est à la maturité que l'instinct de garde se développe naturellement chez la plupart des chiens, sans que nous ayons besoin d'intervenir. Il arrive qu'il échappe au contrôle du maître si celui-ci, ayant pris un chien pour garder sa propriété, a encouragé l'agressivité de l'animal dès son plus jeune âge. Si le chien appartient à une race de chiens de garde et que son comportement de gardien a été stimulé alors qu'il n'était encore qu'un chiot, s'il s'est hissé à un rang élevé au sein de son environnement domestique, le maître aura un problème, mais non insurmontable.

QUESTION
Pourquoi ma chienne Becky garde-t-elle tous ses jouets sur sa couche sans jamais jouer avec, alors que mon autre chienne, Sally, n'emporte dans sa couche qu'un seul jouet avec lequel elle joue ? Parfois Becky va jusqu'à réclamer, en aboyant, le jouet de Sally. Et lorsque, pour une raison ou une autre, celle-ci l'abandonne, Becky se précipite pour le lui prendre et l'ajouter aux autres jouets qu'elle « garde » sur sa couche. Becky et Sally sont des sœurs et nous les avons toujours traitées avec équité, alors pourquoi sont-elles aussi différentes ?

Réponse

Il n'est pas rare de voir, dans une même portée, deux chiens se comporter de façon totalement différente, ce qui est d'ailleurs une excellente chose. Deux chiens au caractère trop semblable se disputeraient probablement sans arrêt pour avoir la position dominante. C'est sa dominance que Becky cherche à établir en s'accaparant tous les jouets. Son rang l'y autorise, c'est ce qu'elle fait clairement comprendre à Sally qui, apparemment, se laisse faire ; autrement vous me demanderiez comment les empêcher de se battre. Si vous leur enleviez leurs jouets, Becky trouverait sans doute un autre moyen d'imposer à Sally sa supériorité, qu'il vous serait peut-être plus difficile d'accepter. Tant que Becky ne s'en prend pas à vos objets personnels, je vous conseille de ne pas intervenir. Observez avec quelle aisance vos chiennes établissent une structure hiérarchique sans recourir à la violence. Vous en viendrez à souhaiter que les humains aient la même aptitude...

H

Hérédité du comportement

Trop souvent, on me dit qu'il est impossible de modifier le comportement d'un chien parce que son père ou sa mère agissait de la même façon. Il est vrai qu'un certain nombre de comportements transmis pas les gènes ne peuvent changer, mais encore faut-il distinguer les formes réellement inscrites dans les gènes de celles qui sont seulement copiées sur les ascendants. Les chiots apprennent énormément pendant leurs premières semaines de vie ; à partir de 7 à 8 semaines, leur cerveau fonctionne déjà comme celui d'un d'adulte.
Les chiots imitent ce qu'ils voient. Si une chienne se montre agressive à l'égard des étrangers, il y a des chances pour que ses petits fassent de même. Si elle est devenue agressive parce qu'elle n'a jamais été sociabilisée convenablement, le comportement de ses chiots n'a rien de génétique, il a été acquis : c'est un héritage modifiable, contrairement à celui qui est de nature génétique, inchangeable. Un très grand nombre de chiens pour lesquels on avait d'abord diagnostiqué un problème d'hérédité, invoquant la formule « tel père, tel fils », ont été complètement rééduqués, ce qui montre que nous mettons trop vite en cause le bagage génétique, quand c'est notre propre insuffisance qui est en jeu.

QUESTION

J'ai un cocker golden qui se montre très possessif à l'égard de sa nourriture comme de ses jouets. En fait, il accapare tout ce qu'il trouve. Il est terriblement agressif bien qu'il n'ait jamais mordu personne. On m'a dit que c'était une maladie héréditaire appelée « syndrome de la rage du cocker », plus fréquente chez la variété dorée. Nous ne souhaitons pas le faire piquer, mais si nous ne pouvons mettre fin à ses crises, il risque de mordre quelqu'un. Pouvez-vous me conseiller ?

RÉPONSE

Évoquer le « syndrome de la rage », que ce soit chez le cocker ou chez un chien d'une autre race, n'est qu'une façon de parler. Je définis la rage comme une soudaine et violente agression sans motif apparent ; or vous en avez trouvé un au comportement de votre chien : la possessivité. Vous avez également affirmé qu'il n'a jamais mordu ; donc, malgré son apparente férocité, il se contrôle. Selon moi, il n'y a pas lieu de parler de rage pour une agressivité contrôlée liée à une cause déterminée.

Les cockers sont réputés pour avoir ce comportement, qui semble se manifester surtout chez ceux qui ont le pelage d'une seule couleur (dorée, noire, brune, acajou) et moins chez ceux au pelage bicolore. Selon une certaine théorie, le gène de la couleur serait responsable de la fougue du tempérament. Mais cette fougue est différente du « syndrome de la rage ». Dans le cas de votre chien, vous pouvez intervenir de diverses manières...

Changez-lui son régime, donnez-lui des aliments complets, secs de préférence, qu'il pourra manger aux moments de son choix. Faites en sorte que son assiette soit toujours remplie. Ce régime sec, plus fade que les conserves, réduira l'instinct qui le pousse à défendre sa nourriture. Votre chien finira par comprendre que ce n'est pas pour la lui prendre que vous vous approchez de son écuelle, mais pour lui redonner de la nourriture. Enlevez-lui tous ses jouets, sauf un, dont il ne disposera que sous votre contrôle. Vous le lui reprendrez au bout d'un certain temps. Ce sera plus facile si vous lui mettez une laisse. De cette façon, s'il arbore le jouet comme un trophée, vous pourrez l'en écarter plutôt que le lui retirer. Si vous êtes amené à le lui enlever, faites-le d'un coup. S'il arrive à s'emparer d'un autre objet et qu'il soit en laisse, feignez de ne pas l'avoir remarqué et sortez de la pièce. Ne relevez pas son défi.

Homéopathie

Les remèdes homéopathiques sont administrés à dose infinitésimale, ce qui permet de réduire les effets secondaires dus parfois aux médicaments allopathiques. Les deux principes fondamentaux de l'homéopathie sont : soigner le semblable par le semblable, traiter non pas le mal isolément mais le patient dans sa globalité. On attribue au pionnier de l'homéopathie, le Dr Bach, la découverte de trente-huit remèdes connus aujourd'hui sous le nom de « remèdes floraux du Dr Bach ». Faciles à se procurer, peu onéreux, ces remèdes n'ont pas d'effets secondaires et constituent un atout précieux pour soigner les chiens craintifs, sujets aux phobies ou agressifs.

Question

J'ai un braque de Weimar de 3 ans qui est un chien de compétition. Après avoir été attaqué par un autre chien sur le ring, il est devenu très craintif, ce qui a changé sa façon de se tenir : queue tournée vers l'intérieur, tête basse, oreilles tombantes. Nous avons tout essayé pour le réconforter, mais rien n'y fait. Lors des entraînements, il est de nouveau lui-même, et je ne crois pas qu'il ait besoin d'un supplément de dressage. Que pourriez-vous me suggérer ?

Réponse

Nous avons affaire à un problème ponctuel et le dressage ne sera en effet d'aucune utilité. Aucun simulacre ne pourra remplacer l'atmosphère d'un vrai concours. C'est dans ce cadre précis que votre chien doit vaincre son appréhension, surmonter sa peur d'une nouvelle attaque. Les remèdes floraux du Dr Bach sont indiqués dans de tels cas. Parmi eux, *Aspen* soigne particulièrement l'appréhension et les peurs en général ; *Mimulus*, les peurs liées à un objet précis ; *Rock Rose*, les peurs extrêmes, la terreur et la panique. Un de ces remèdes ou une combinaison des trois peut résoudre le problème. Demandez à votre vétérinaire de vous mettre en rapport avec un confrère homéopathe, et soyez rassuré : votre chien retrouvera son assurance sur le ring.

Hyperactivité

C'est l'état naturel de certains chiens, comme de certaines personnes, en particulier des enfants. Un chien hyperactif est incapable de se tenir tranquille. En fait, la plupart des chiens considérés comme hyperactifs par leurs maîtres deviennent, quand on les dresse convenablement, calmes et détendus. Dans ce cas, c'est le manque d'autorité du maître qui est à l'origine du problème.
Cependant, j'ai observé que certains aliments affectent le degré d'activité d'un chien. Il est inutile alors de recourir à des séances de dressage ou à des programmes de modification du comportement, il faut simplement supprimer la cause réelle du problème. *(Voir Régime.)*
L'influence de l'environnement est aussi un facteur important à prendre en compte dans l'hyperactivité canine. Quelle que soit sa cause, celle-ci crée des problèmes de comportement difficiles à résoudre.

QUESTION
Mon chien devient fou quand je rentre du travail. Il se jette sur moi, court partout dans l'entrée, renverse immanquablement quelque chose, en émettant des aboiements ridiculement aigus. J'ai essayé de l'arrêter par des cris et des coups de genou dans le poitrail au moment où il saute sur moi, mais cela ne fait qu'accroître son excitation. Il m'est impossible d'en venir à bout. Comment lui apprendre à m'accueillir calmement ?

RÉPONSE

Un tel comportement est l'accueil affectueux et enthousiaste du chien au retour de son maître. Il est difficile d'ignorer un chiot qui vous fait la fête, mais ce comportement sur lequel on commence par fermer les yeux devient inacceptable quand l'animal grandit, ce que vous constatez à vos dépens. L'accueil du maître devrait se faire de façon calme et de préférence ailleurs que dans le vestibule. À son retour, celui-ci devrait ignorer pendant quelques minutes la demande d'affection du chien. Enlevez votre manteau et posez vos affaires avant d'attirer votre chien à vous pour lui donner des caresses. Dans son cas, il s'agit d'un comportement acquis et il faudra plus de temps pour instaurer de nouvelles habitudes. Ignorez ses assauts désordonnés jusqu'au moment où vous aurez décidé de lui accorder votre attention ; alors cette habitude disparaîtra rapidement. Vos cris pour l'inciter à se calmer ne peuvent que l'exciter davantage. Mais si vous adoptez une attitude calme, détachée, le chien finira par faire de même. Si, avant de le caresser, vous le faites asseoir dans une autre pièce pour lui donner une friandise, vous obtiendrez vite des résultats ; au lieu de courir dans l'entrée, il ira vous attendre dans cette pièce. La clé du succès dans ce rituel de l'accueil, c'est avant tout votre calme.

I

Incitation

Pendant des années, on a jugé que l'utilisation de la nourriture dans le dressage était une forme de corruption. Les tenants de cette théorie recourent avec succès aux caresses et aux félicitations et utilisent aussi beaucoup les jouets. Quelle est la différence ? Toutes ces pratiques sont des formes diverses d'incitation : elles donnent une motivation à l'action de l'animal.

Votre chien somnole devant un feu de bois ; vous prenez un coupe-ongles et vous l'appelez. Il est probable qu'il fera semblant de ne pas avoir entendu. Si vous insistez, il arrivera sans doute d'un pas lent, les oreilles basses, surtout s'il a déjà une expérience traumatisante de la taille de ses griffes. Mais si c'est sa laisse que vous prenez, il accourra. La différence de réaction tient à la récompense attendue. La laisse a un pouvoir d'incitation plus grand que le coupe-ongles. L'incitation suffit donc à déclencher l'action souhaitée. Si la nourriture est une motivation pour le chien, n'hésitez pas à vous en servir.

Alors que l'incitation fait espérer une gratification, tenant lieu de carotte, d'appât, la récompense, elle, est inattendue. On recourt normalement à l'incitation au début d'un nouvel exercice, par exemple pour apprendre au chiot à revenir vers son maître. En lui montrant de la nourriture ou un jouet, vous lui donnez quand vous l'appelez une raison d'aller vers vous. Il finira par associer l'ordre à l'acte lui-même et vous pourrez, progressivement, supprimer l'incitation.

Instinct

La conduite du chien domestique étant essentiellement instinctive, il est important, avant de chercher la solution à un problème particulier, de se poser ces deux questions clés : Quel est l'instinct qui est devenu un problème ? et : Comment canaliser cet instinct dans une direction plus acceptable ?
Il faut se rappeler que tous nos chiens reçoivent de la nature le même potentiel d'instincts. C'est seulement quand nous encourageons l'un d'eux qu'il devient un problème. Il est rare qu'un maître adopte cette attitude incitative en toute conscience. C'est généralement sans nous en rendre compte que nous stimulons un instinct. Ainsi, l'instinct de poursuite s'amplifie par la faute des enfants qui jouent avec le chiot. J'ai rarement rencontré de problèmes liés à cet instinct chez un chien vivant dans une maison sans enfants. Si, lors de l'acquisition d'un chiot, nous avons à l'esprit que chacun de ses actes constitue un processus d'apprentissage, nous pouvons canaliser ses jeux dans le sens qui nous convient et éviter ainsi de développer chez l'animal un comportement instinctif gênant. Dès le début, nous devons « penser chien »...

QUESTION

Pourquoi, malgré mes efforts pour l'en empêcher, mon chien s'obstine-t-il à accueillir toute personne qui entre dans la maison en mettant son museau entre ses jambes ? Cette manie est embarrassante, non seulement pour moi, son maître, mais aussi pour tous ceux qui en sont victimes.

RÉPONSE

Observez deux chiens qui s'abordent dans un parc, et vous vous rendrez compte que cette investigation anale-génitale fait partie du rituel canin de la rencontre. Le comportement de votre animal est donc parfaitement normal, mais je reconnais qu'il est très embarrassant pour tous ceux qui le subissent. Il est plus fréquent chez les chiens assez hauts sur pattes et qui ont passé les trois premiers mois de leur vie dans un chenil, en compagnie d'autres chiens. Si le vôtre se montre insistant, son fonctionnement hormonal est peut-être en cause ; il serait utile d'avoir une petite conversation avec votre vétérinaire pour envisager un court traitement visant à réduire ses pulsions sexuelles. Vous avez un autre recours : vaporiser un répulsif ; l'objectif est que le chien ressente désagréablement sa façon d'accueillir les visiteurs, non de le rendre méfiant à leur arrivée.

Intelligence

Nous surestimons l'intelligence de nos chiens, ce qui nous rend impatients devant leur apparent refus d'apprendre. Le dressage à la propreté est un exemple de cette erreur et la phrase si courante : « Il sait qu'il a mal fait » confirme notre méprise sur l'étendue de l'intelligence canine. Nous serions beaucoup plus tolérants si nous pensions à la comparer à celle d'un enfant qui commence à marcher, mais ne sait pas encore parler et ne comprend que partiellement ce qu'on lui dit. Si un enfant de cet âge commet une faute, nous considérons qu'il est trop jeune pour saisir la différence entre le bien et le mal.

Imaginez que vous ne pouvez vous exprimer ni par l'écriture ni par des mots, mais seulement par des grognements : tel est le niveau de communication que nous avons avec nos chiens.

Là où la communication s'avère la plus difficile, c'est lors de nos tentatives, vouées à l'échec, pour faire comprendre au chien nos valeurs. Prenons l'exemple du chien à qui l'on veut interdire de monter sur le canapé. Si vous le lui avez permis lorsqu'il était petit et que vous décidiez ensuite de l'en empêcher, vous savez pertinemment qu'il ne sautera pas sur le canapé tant que vous êtes là, mais qu'il s'y installera en votre absence. Très souvent, vous le surprenez en train de filer, l'air coupable, quand vous entrez dans la pièce. Pour vous, cette attitude signifie qu'il sait qu'il est en faute ; en réalité, il sait seulement que vous allez le réprimander si vous le trouvez sur le canapé, mais ignore que c'est mal d'y monter. Il en apprécie le confort, auquel vous l'avez initié quand il était un chiot, et les caresses et attentions que vous lui avez prodiguées alors ont renforcé son plaisir. Les chiots à qui l'on n'a jamais permis de monter sur le canapé et qui n'ont pas eu l'occasion d'en apprécier le confort en l'absence du maître, parce qu'ils n'avaient pas accès au salon, n'auront jamais l'idée de prendre ainsi leurs aises. Les chiens ont une intelligence limitée : ils répéteront une action s'ils y prennent du plaisir et s'en abstiendront si elle s'accompagne de désagrément.

QUESTION

Nous pensons prendre un chien, mais nous n'en n'avons encore jamais possédé. Naturellement, nous voulons le faire dresser ; on nous a dit que les races les plus intelligentes sont le berger allemand et le border collie. Est-ce vrai ? Pouvez-vous nous conseiller sur le choix d'une race ?

RÉPONSE

Je peux vous garantir que tous les deux sont parfaitement susceptibles d'être dressés, ce qui n'a rien à voir avec l'intelligence... L'élevage a destiné ces chiens à accomplir un travail spécifique au service de l'homme. Leurs qualités fondamentales pour les tâches qu'on leur assigne sont la vigueur et une excellente vue. Le berger allemand a la prestance pour être un bon gardien et le collie l'acuité visuelle pour mener un troupeau. Les deux sont agiles, indifférents aux intempéries et désireux de faire plaisir. Mais leurs capacités d'apprentissage ne sont pas différentes de celles des autres races. Ce sont des chiens de travail, ce qui peut créer des problèmes dans un environnement domestique. Un animal doué d'une grande aptitude au travail sera frustré si vous n'utilisez pas ses talents.

Avant de faire votre choix, demandez-vous en toute honnêteté si le comportement propre à telle race s'accordera avec votre environnement et votre style de vie. Chez ces deux races, j'ai essentiellement rencontré des problèmes suscités par l'absence d'un environnement adéquat... Un chien fait pour travailler, si on ne le laisse pas manifester ses talents, échappera vite à tout contrôle et sera catalogué comme chien à problèmes.

J

Jalousie

C'est un sentiment qui nous est propre et, contrairement aux apparences, les chiens ne l'éprouvent pas. Souvent troublés par les changements qui surviennent dans leur environnement, ils ont des réactions étranges qui font croire à de la jalousie, mais qui sont en réalité liées à leur perception de l'ordre hiérarchique.

J'ai eu affaire à un chien qui avait toujours été considéré comme un enfant par ses maîtres, dont les propres enfants avaient quitté la maison après leur mariage. Les problèmes survinrent lorsque les propriétaires de l'animal reçurent leur petit-fils. Le chien se montrait agressif chaque fois qu'ils câlinaient l'enfant et l'entouraient de leur sollicitude. Supposant l'animal jaloux, ils lui accordèrent un supplément d'attention lors des visites de leur petit-fils. Cela ne fit qu'aggraver la situation, au point que, devant l'inquiétude de leur fille, ils durent enfermer l'animal.

C'est que le chien, habitué à monopoliser l'attention et trouvant qu'on manifestait plus d'affection au petit-fils qu'à lui sur son territoire, se voyait menacé de perdre son rang. Mais quand il accompagnait ses maîtres chez leur fille, il ne manifestait aucune agressivité à l'égard de l'enfant. Voilà la différence majeure entre la jalousie que nous éprouvons et celle que nous croyons déceler chez les chiens. Le fait d'accorder plus d'attention à ce chien en la présence de l'enfant avait seulement renforcé chez l'animal le sentiment de sa supériorité hiérarchique et il avait réagi avec plus de violence encore quand l'attention de la famille s'était reportée sur l'enfant. Ses maîtres ont eu du mal à accepter mon analyse car ils n'arrivaient pas à comprendre la différence entre le sentiment qu'est la jalousie et la froide logique de l'instinct de la meute qui confère des privilèges. Le problème fut résolu quand, jouant la comédie sur mon conseil, ils prodiguèrent baisers et caresses à un coussin : le chien attaqua le coussin. On lui retira pendant deux semaines les privilèges qui lui avaient été accordés, pour qu'il accepte mieux l'attention montrée par ses maîtres à leur petit-fils.

Jeux

Tous les chiens apprennent à jouer, et je ne parle pas ici du dressage, encore que l'animal enregistrerait sans doute beaucoup plus vite les commandes : « Au pied ! », « Assis ! », « Couché ! » si nous en faisions un jeu. Je ne parle que du simple processus d'apprentissage par lequel un chien devient un chien.
Observez quels sont les jeux favoris de votre chien, et classez-les…

- Jeux de force : lutte, bagarre, etc.
- Jeux de possession : vol de chaussettes, jouets cachés, os enfouis, etc.

- Jeux de poursuite : vol d'une chaussure, qu'il vous invite à récupérer ; jeu de balle, lancer d'un bâton.
- Jeux de prédation : le chien s'empare d'un chiffon, d'une pantoufle, d'un bâton, etc., qu'il brandit dans sa gueule comme s'il s'agissait d'une proie.

Les chiens pratiquent ces jeux de façon instinctive pour établir leur dominance et apprendre à chasser. Les hommes jouent pour se divertir, les chiens pour apprendre. Il est donc important, si nous devons jouer régulièrement avec nos chiens, que nous comprenions le sens de leurs jeux.
On vend des jouets pour animaux que chien et maître tirent chacun par un bout. Il faut savoir que, dans ce genre de jeu, le chien ne cédera jamais. C'est nous qui décidons d'arrêter : trop excité, il devient agressif ; ou, admirant la ténacité de l'animal, nous la récompensons en le laissant s'emparer de l'objet en question. Nous avons accepté cette épreuve de force et nous avons perdu. En lui achetant de semblables jouets, nous développons chez le chien l'esprit de compétition.
Vainqueur, il emporte le jouet sur sa couche, ou le dépose dans un coin qu'il affectionne. Trophée gagné dans un combat loyal, le jouet devient une marque de supériorité, comme les récompenses que lui donnent ses maîtres. Si ce n'est pas nous qui prenons l'initiative de tels jeux, nos chiens sauront nous y pousser. Par exemple, vous avez une chaussette au pied et vous cherchez l'autre. Où est-elle donc passée ? Dans la gueule du chien. Vous voulez lui reprendre et il détale. Vous le poursuivez et récupérez la chaussette ; c'est vous, cette fois, qui avez gagné. Désormais convaincu que les chiens aiment les chaussettes, sacrifiez-en quelques

vieilles paires pour lui ; le chien gagnera à tous les coups, car vous n'allez pas les lui reprendre.

Il en sera autrement des objets auxquels nous attribuons de la valeur. Peu importe que le chien s'empare d'un morceau de bois, d'un vieux bout de papier, mais nous ne le laisserons pas emporter une de nos plus belles chaussures sans réagir. Une poursuite s'engagera. Avec le temps, le chien apprend à connaître les objets qui nous font réagir et découvre que ce sont souvent ceux qui sont le plus imprégnés de notre odeur. En lui lançant la balle que nous avons mise dans notre poche, nous faisons de celle-ci un objet de compétition et nous encourageons les jeux de poursuite et ceux de possession.

Il est amusant de voir un chien gronder, un objet dans la gueule. Le maître le moins expérimenté comprendra tout de suite qu'il s'agit là d'un comportement de prédateur. Et parce que cela nous amuse, surtout chez le chiot, nous favorisons une telle attitude. Nous lui donnons un chiffon et nous le regardons, fascinés, se jeter dessus, comme sur une proie, puis nous le défions en essayant de le reprendre, l'invitant à jouer. Mais le chien ne renoncera pas à sa proie. Il ignore que nous le taquinons. Il estime qu'il nous a lancé un défi et qu'il a gagné. Est-ce là éduquer un chien ? Un grand nombre de chiens ne tirent pas avantage de leur victoire. Cependant, si vous avez un chien dont le comportement vous pose des problèmes, interrogez-vous. Voyez quelle part ces jeux ont dans la vie de l'animal, demandez-vous qui en prend l'initiative et qui gagne le plus souvent.

QUESTION

Nous avons une chienne de 10 mois, un terrier lakeland, qui montre une attitude très soumise à l'égard de toute la famille. Si quelqu'un fait tomber un objet ou hausse la voix, elle court se cacher ; quand nous entrons dans la pièce où elle s'est réfugiée, elle vient vers nous avec un air craintif et urine comme le ferait un chiot. Si nous cherchons à jouer avec elle, elle se roule sur le dos. Je ne pense pas que ce soit là de la nervosité, car elle ne se conduit pas ainsi avec les étrangers. C'est terriblement embarrassant quand nous avons la visite d'amis, car son comportement pourrait laisser croire que nous l'avons battue, ce qui, bien sûr, n'est pas le cas. Nous savions qu'elle était le chiot le plus soumis de la portée, mais nous pensions qu'elle s'affirmerait avec l'âge. Voyez-vous un moyen de lui donner plus d'assurance ?

RÉPONSE

Étant le chiot le plus soumis de la portée, elle perdait probablement tous les jeux de compétition que les jeunes chiens pratiquent entre eux : bagarres, jeux de possession, luttes pour la meilleure place pour dormir ou pour téter. Votre chienne a sans doute renoncé à la compétition, a accepté de n'avoir accès qu'au téton le moins nourrissant de la mère et a fini par dormir en marge de la portée. Normalement, plongé dans un nouvel environnement, un chien prend de l'assurance parce qu'il gagne aux jeux que nous pratiquons avec lui et parce que nous lui accordons certains privilèges qui lui donnent de l'importance et le valorisent. En général, je conseille à mes clients de ne pas accorder ces privilèges à leurs chiens et de ne jamais les laisser gagner dans les jeux. Dans le cas de votre chienne, je vous conseillerai le contraire. Si elle refuse de jouer, c'est parce qu'elle est convaincue de perdre. Vous n'êtes pour elle, vous et votre famille, qu'une extension de sa famille canine, attitude que vous avez peut-être encouragée en allant la voir régulièrement avant son sevrage. Vos amis, en revanche, ne font pas partie de sa meute ; aussi peut-elle entrer en compétition avec eux. Vous devez lui apprendre à avoir confiance en elle-même. Donnez-lui un jouet ou un chiffon et jouez avec elle pendant quelques minutes. Ne vous attendez pas qu'elle essaie de vous arracher l'objet ; elle n'en fera rien, persuadée de perdre. Si elle s'aventure à planter ses dents dans le jouet, lâchez-le et éloignez-vous. Pendant un certain temps, laissez-la gagner à tous les jeux de compétition. À la longue, elle sera plus assurée et acceptera de jouer de plus en plus souvent. Plus elle gagnera, moins elle se montrera soumise à votre égard. Mais soyez prudent ; n'encouragez pas non plus une attitude dominante, restez dans un juste milieu !

L

Laisse

Après la propreté, on apprend généralement aux chiots à marcher en laisse, expérience souvent traumatisante. Beaucoup de chiens n'y sont astreints qu'à l'âge de leur première sortie dans le monde. En général, ils se débattent, essayant de se libérer, et s'ils apprennent à filer doux, ils n'auront guère envie de sortir. Comment leur faire accepter la laisse ? On peut commencer le dressage dès que le chiot s'est adapté à son environnement. Au lieu d'attendre qu'il apprenne qu'une fois en laisse il lui est impossible de s'en libérer, il vaut mieux l'habituer en douceur…

Passez-lui collier et laisse pendant que l'on prépare son repas. Le collier ne doit pas être un collier étrangleur. Retenez-le au fond de la pièce, puis conduisez-le à son écuelle, mais ne le lâchez que lorsqu'il a mangé. Vous pouvez également le mettre en laisse à l'heure du retour d'un membre de la famille, en l'attachant à distance de l'entrée. Quand la personne arrive, amenez le chiot vers elle pour lui dire bonjour. Ainsi, la laisse peut devenir le prélude à toutes sortes de situations excitantes, et quand il aura l'âge de sortir, habitué à cet étrange sensation, il sera très content d'être mis en laisse.

QUESTION

Mon chien a la phobie de la laisse… Quand je la prends pour l'emmener promener, au lieu de se précipiter vers la porte, il court se cacher. Non qu'il n'aime pas sortir, il adore cela, et il est très heureux de me suivre, à condition de ne pas être en laisse. L'ennui, c'est que nous habitons près d'une route à grande circulation, et la laisse s'impose. Y a-t-il un moyen de vaincre sa peur ?

RÉPONSE

Sa phobie remonte sans aucun doute à l'époque où on l'a initié à la laisse. Qui sait ce qui lui est arrivé alors ? En se débattant, il s'est peut-être fait mal, rendant responsable la laisse. Le mieux à faire, c'est de la remplacer par une laisse extensible. Une autre solution sera, pendant une courte période, de changer son collier contre un harnais. En modifiant les préparatifs d'une promenade, vous commencerez à le désensibiliser à ce qui suscite sa frayeur. Emmenez-le dans des endroits où il n'a pas l'habitude d'aller. S'il aime se promener, l'aspect différent de la laisse, le changement de lieu de promenade, l'absence de collier à son cou résoudront rapidement le problème. Petit à petit, vous pourrez revenir aux anciennes habitudes.

M

Mâchouillement

Les chiens mâchouillent pour diverses raisons. C'est de cette façon que le chiot se fait les dents et nous comprenons son besoin, même si nous ne le supportons pas toujours ! Certains chiens, entre 6 et 12 mois, éprouvent le même besoin au moment de la percée de leurs dents d'adulte. Une mauvaise alimentation peut être à l'origine des problèmes de mâchouillement. Chambranles, pieds de table, rouleaux de papier fourniront alors au chien les fibres qui lui font défaut. Le manque d'exercice et de stimulation sont des causes importantes de mâchouillement. Livré à lui-même toute une journée, un chien qui s'ennuie trouve du réconfort à mordiller les chaussures neuves de son maître, imprégnées de son odeur et sentant bon le cuir. Plus l'animal les léchera et les mordillera, plus elles seront souples et feront un merveilleux jouet. Sans méchanceté aucune, il pourra déchiqueter une chaussure, simplement pour l'aplatir de façon à pouvoir se coucher dessus. Il ne met là aucune intention destructrice. Mâchouiller est un plaisir et il sera totalement désorienté quand, se précipitant à la porte pour accueillir son maître, celui-ci se mettra en colère contre lui. L'anxiété d'un chien est une autre des raisons qui l'amènent à mâchouiller.

Avant de corriger ce comportement, il sera nécessaire, comme pour tout trouble comportemental, d'en chercher la cause en s'attachant à certains détails : l'âge de l'animal en rapport avec sa dentition et son degré d'activité. Il faudra se demander si c'est un attachement excessif au maître qui en son absence provoque chez le chien le besoin de s'approprier un objet imprégné de son odeur ou s'il mâchouille pour se procurer les fibres qui manquent à son alimentation. Une fois la cause établie, vous trouverez le traitement adéquat.

QUESTION

Flossie, ma chienne boxer de 2 ans, s'est mise brusquement à mâchouiller tout ce qui lui tombait sous la dent. En fait, elle ne mâchouille pas, elle déchiquette. Elle a jusqu'à présent mis en pièces des quantités de journaux, deux coussins, un paillasson et une partie du tapis, en le lacérant avec ses griffes ; elle a commencé à creuser des trous dans le jardin. Pourtant, nous n'avons jamais eu aucun problème avec elle, même lorsqu'elle était toute petite.

RÉPONSE

C'est sa façon de déchiqueter plutôt que de mâchouiller qui me mit sur la piste, ainsi que le fait qu'elle s'était mise à creuser des trous dans la maison comme dans le jardin. Le caractère soudain de son changement de comportement confirmait mon hypothèse. Ses maîtres parlaient de mâchouillement ; elle faisait son « nid ». Ses maîtres décidèrent de la laisser avoir ses petits et lui donnèrent une couverture et une boîte pour mettre bas. Son mâchouillement s'arrêta.

Morsure

Les chiens mordent dès le plus jeune âge et c'est en jouant avec leurs frères et sœurs qu'ils prennent conscience du mal que peuvent faire leurs petites dents. Il est donc important qu'ils apprennent à contrôler les muscles de leurs mâchoires, ce que l'on appelle « inhibition de la morsure ». Entre 4 et 18 semaines, ces muscles n'ont pas encore atteint leur plein développement ; il est donc parfaitement normal qu'un chiot nous morde, puisque c'est là un stade normal de leur apprentissage. Notre tâche sera de leur faire comprendre qu'ils ne doivent pas mordre un être humain.

Généralement, lorsqu'un chiot nous mord, nous lui tapons le museau ou l'arrière-train en criant : « Non ! » Il n'en retiendra pas qu'il est interdit de mordre une personne, mais qu'il est préférable de détaler au plus vite après avoir mordu ! Observez ce qui se passe entre les chiots. Dès que l'un d'entre eux mord trop fort, celui qui est mordu gémit et l'autre lâche aussitôt prise. Si vous poussez un petit cri lorsque les dents du chiot entrent en contact avec votre peau (n'attendez pas que cela fasse mal), vous pouvez vite lui apprendre à ne pas vous mordre !

Cette inhibition de la morsure envers nous doit être apprise par le chiot avant 18 semaines ; c'est à ce moment que les dents de lait tombent pour faire place à ses dents d'adulte. Après, il ne devra y avoir aucun contact entre les dents du chien et votre peau ou vos vêtements, car l'animal cherchera alors à vous dominer. Lancez-lui un sonore : « Va-t-en ! » en lui jetant un regard perçant, qui lui apprendra que sa conduite ne vous amuse pas. Cela aura d'autant plus d'effet que vous l'ignorerez ensuite pendant quelques minutes. Ne lui dites surtout pas que c'est un bon chien quand il vous lâchera ; il ne doit recevoir aucune récompense durant cette période.

QUESTION

Nous avons un bearded collie de 2 ans appelé Ben qui nous mord, ma famille et moi, aux chevilles. Il ne fait jamais vraiment mal et il n'est pas agressif, mais c'est là une habitude que nous n'arrivons pas à lui faire perdre. On nous a suggéré de le frapper avec un journal roulé... La difficulté, c'est que nous ne savons jamais à quel moment il va nous mordre. Que faire ?

RÉPONSE

Je suis sûr que vous avez compris que Ben, en bon chien de berger qu'il est, cherche à vous mener. Une rapide morsure aux chevilles est le meilleur moyen de vous faire bouger un peu plus vite, et vous aurez beau vous promener dans la maison armés d'un journal roulé, vous ne lui enlèverez pas cette habitude. Le bearded collie qui conduit un troupeau s'attend à des représailles de la part de l'animal auquel il s'en prend, mais cela ne l'empêche pas de faire ce qu'il estime être son devoir. Vous vous trompez en pensant qu'il est impossible de prévoir quand il va agir ainsi. Observez tous les membres de la famille au moment où il mord et vous découvrirez que ce fait se produit, soit lorsque vous êtes tous rassemblés dans une pièce et que l'un d'entre vous se lève, soit au contraire lorsque vous êtes dispersés dans la maison. Ben a probablement un sens de l'ordre bien à lui qu'il cherche à faire régner au sein de votre groupe. Lorsque vous aurez compris ce qui l'anime, vous serez en mesure de prévoir dans quelles circonstances il mordra. À votre place, j'utiliserais la dissuasion sonore qui amène un animal à renoncer à un comportement parce qu'il en résulte des conséquences désagréables pour lui.

N

Nervosité

On est souvent plus gêné par la nervosité d'un chien que par son agressivité mais parfois les deux comportements vont de pair. Le chien présente trois réflexes de défense : l'attaque, la fuite, le blocage. Les chiens nerveux sont susceptibles d'avoir l'une ou l'autre de ces réactions selon la situation à laquelle ils sont confrontés. S'ils se sentent acculés, ils se figent ou attaquent ; en général, ils préfèrent la fuite, réflexe de défense passive.

Nous pouvons involontairement susciter la nervosité de notre chien par notre désir de lui donner confiance. Dès qu'il manifeste l'envie de fuir ou d'attaquer parce qu'il se sent menacé, nous essayons de le calmer comme un enfant apeuré en lui parlant ou en le caressant : « Allons, allons ! Du calme, mon chien ! Tu n'as pas à avoir peur ! » L'ennui, c'est que le chien a une interprétation différente des nôtres ; pour lui, nos paroles apaisantes et nos caresses ont valeur de félicitations : « Tu es un bon chien, tu agis exactement comme je le veux ! » Il n'est pas question de le punir de sa peur, mais il est toujours possible de prendre une attitude légèrement détachée pour éviter qu'il ne se sente récompensé.

La nervosité du chien peut être héréditaire. Même dans ce cas, si l'on fait comprendre aux maîtres que la façon

dont ils traitent leur chien l'encourage à avoir pareil comportement, l'expérience prouve que l'on obtient de sensibles progrès.
Les chiens nerveux ont besoin d'espace. S'ils ont tendance à l'agression, une laisse extensible leur permet d'augmenter la distance entre eux et ce qui les effraie. Il suffit parfois d'un mètre de plus pour que le chien se sente en sécurité, sans que le maître perde le contrôle.

QUESTION

Nous avons une chienne welsh corgi de 2 ans, nommée Bess, que rend très nerveuse la présence de jeunes enfants. Elle court se cacher quand arrivent nos petits-enfants de 4 et 6 ans, dont les visites sont fréquentes. Elle ne leur manifeste jamais d'agressivité, mais nous ne pouvons la persuader de venir les voir. Que suggérez-vous ?

RÉPONSE

Si vous êtes sûre que Bess ne se montrera pas agressive, je vous conseille de ne rien faire. Les chiens que l'on ne met pas suffisamment tôt en relation avec de jeunes enfants acceptent difficilement leur voix haut perchée, leurs mouvements brusques et ils se méfient d'eux. Mais il y a une autre explication possible. Elle a sans doute compris que son comportement lorsque vos petits-enfants sont là lui permet de maintenir votre attention sur elle. Puisqu'ils viennent régulièrement, elle est maintenant accoutumée à leurs visites, et je la soupçonne, par son manège, de leur disputer votre sollicitude, dont elle est d'habitude l'unique bénéficiaire. Si la présence de vos petits-enfants la met vraiment mal à l'aise, ne cherchez pas, ni par la force ni par la persuasion, à établir des rapports entre eux. Lors de leurs prochaines visites, ignorez-la. Si elle court se cacher, laissez-la, occupez-vous de vos petits-enfants. Vous la verrez probablement essayer une autre tactique, gémir par exemple, pour ramener votre regard sur elle. Ce sera la preuve que sa nervosité est due au désir d'attirer l'attention. Si tel est le cas, à la visite suivante, ignorez Bess quelques heures avant la venue des enfants. Quand ils seront là, allez la promener avec eux sans chercher à établir de contacts. Attendez qu'elle fasse le premier pas. Traitée ainsi pendant quelque temps à chaque visite, Bess finira par considérer la présence des enfants comme un plaisir. Vous pouvez aussi leur demander de la nourrir ou attendre leur arrivée pour lui donner une friandise. L'idéal serait d'inviter vos petits-enfants à séjourner quelques jours avec vous et de les laisser entièrement s'occuper de Bess, sous votre surveillance.

Niche

Par instinct, les chiens sont des animaux à tanière. La plupart d'entre eux aiment se réfugier dans un coin ou sous une table pour dormir. Pourquoi ne pas mettre à leur disposition une niche que vous placerez à votre guise dans l'endroit le plus adéquat ? Votre chien pourra s'y reposer, s'y sentir chez lui et en sécurité. Si vous lui avez permis de se nicher sous la table de la salle à manger ou entre deux chaises au salon et que vous décidiez de l'enfermer dans la cuisine pour la nuit, ou en votre absence, sachez qu'il ne sera pas aussi détendu et ne trouvera pas facilement le sommeil.

Après l'achat d'un chiot, l'apprentissage de la propreté et sa tendance à mâchouiller les objets risquent de mettre votre patience à rude épreuve. Il faut à tout prix éviter que des rapports de méfiance ne s'instaurent entre l'animal et vous, surtout pendant cette période où les liens affectifs atteignent un maximum d'intensité ; mal vécue par le chiot, elle peut avoir des conséquences graves sur son comportement. Mais c'est également le moment où il peut faire le plus de dégâts. Pour s'épargner un certain nombre de désagréments, il est vivement conseillé d'amener le chiot (ou même un chien plus âgé au comportement destructeur) à utiliser une niche d'intérieur, munie de portes que l'on peut fermer.

Une niche d'intérieur aux dimensions de sa couche est un endroit sécurisant pour le chien. L'animal devra pouvoir s'y étendre, s'y tenir debout ou s'y retourner. Inutile de voir plus grand, ce serait une perte d'espace. Bien aménagé, un coin dans la cuisine ou dans une autre partie tranquille de la maison, isolé par une barrière mobile tenant lieu de porte, fera l'affaire. Vous pouvez également acheter dans tous les bons magasins d'articles pour chien des cages-niches constituées d'une structure métallique à gros maillage, qui ont l'avantage d'être transportables, car elles se replient et sont munies d'une poignée et d'une porte sur gonds amovible. La version la plus sophistiquée comporte un sol confortable qui peut servir de couche et une cage avec porte. Les gens qui découvrent cette merveille se demandent comment ils ont pu si longtemps s'en priver.

Un chiot accepte d'autant plus facilement la niche qu'elle est présente dans la maison le jour de son arrivée. Si on se la procure ultérieurement, il faudra laisser la porte ouverte tant que le chiot ou le chien adulte ne s'y sent pas totalement chez lui et ne l'utilise pas de son plein gré. Placez d'abord sa couche, ses jouets, son bol. Apportez-lui à manger dans la niche, que vous laisserez ouverte. Une fois qu'il aura pris l'habitude d'y passer quelques moments dans la journée, vous pourrez l'y laisser enfermé le temps de préparer sa pâtée, que vous lui servirez dans la niche, en fermant la porte. Parlez-lui et, de temps en temps, donnez-lui une friandise à travers le grillage. Laissez-le dans sa niche chaque fois que vous lui donnerez une friandise pour lui faire associer l'idée de porte fermée avec celle de friandise, et non pas d'enfermement.

Pendant la période d'adaptation, interdisez-lui l'accès à d'autres coins de la maison où il aimerait dormir, sans le gronder mais en disposant des obstacles qui l'empêcheront de s'y rendre. Évitez autant que possible de l'envoyer « à la niche ! » chaque fois qu'il a fait quelque chose qui vous déplaît. Le mot niche ne doit pas être perçu comme synonyme de réprimande. Un chien ne comprend pas une mise à l'écart ; il obéira uniquement pour échapper à votre regard réprobateur. Il ne sait pas qu'il a mal agi, il sait seulement que vous êtes en colère contre lui pour une raison qui lui échappe.

La niche doit être pour lui un havre de paix, un lieu confortable, synonyme de sécurité ; elle doit être le coin favori du chien dans le milieu qui l'a accueilli (votre famille). Un dernier conseil : si vous décidez d'installer une cage-niche, un toit renforcera l'impression de sécurité de votre animal.

Pour la plupart des chiens, une période d'adaptation de deux jours est suffisante, pour certains elle sera de quatre à cinq jours, rarement plus. Il est important de ne pas brusquer les choses, car il faut que le chien soit heureux dans sa niche, ce qui présentera des avantages considérables pour le maître. Voici quelques exemples à méditer.

Apprentissage de la propreté chez le chiot

Aucun chien n'aime souiller sa couche et les chiots apprennent très vite la propreté. Une fois accepté le fait que les chiots urinent et défèquent assez souvent, et qu'on ne doit pas les laisser longtemps privés d'un accès à un coin-toilette, on pourra les laisser dans la niche si l'on doit s'absenter. On les mènera ensuite dans une partie du jardin spécialement prévue pour cela et l'on récompensera leur bonne volonté d'une friandise. Celle-ci joue un très grand rôle dans la rapidité de l'apprentissage, surtout si on ne les gronde pas quand ils font leurs besoins ailleurs que dans l'endroit « ciblé ». N'oubliez pas que les chiots sont soumis aux mêmes aléas que les bébés qui font dans leurs couches. Les punir ne ferait que les perturber et instaurer un sentiment de méfiance et d'anxiété qui vous obligerait à prolonger la période d'adaptation.

Mâchouillement et comportement destructeur

Chez les chiots, le mâchouillement est lié, sauf exceptions, à la percée des dents. Certains chiens plus âgés connaissent une seconde période de mâchouillement quand les dents adultes se fixent dans l'os de la mâchoire, généralement entre 6 et 9 mois.
Dans les deux cas, le chien satisfait un besoin naturel de mordiller qui, en votre absence, fait du pied de votre table une sucette idéale. L'aménagement d'une niche d'intérieur, où il trouvera quelques objets à mâcher,

préserve non seulement votre mobilier mais aussi votre relation avec votre chien. Car il n'est pas facile de manifester amour et tendresse à un animal qui aura saccagé la maison en votre absence.

Protection des visiteurs et des enfants

L'expression : « Qui m'aime, aime mon chien » dénote une attitude particulièrement égoïste. Il est des gens qui, naturellement, n'aiment pas les chiens, ou en ont la phobie. Chez d'autres, un simple contact provoque des allergies, et certains enfants, qu'ils aiment ou non le chien, voudraient ne pas l'avoir toujours dans leurs jambes quand ils s'amusent. Si votre chien apprécie de rester tranquillement dans sa niche, vous n'aurez pas à le gronder pour un excès de familiarité à l'égard des visiteurs, ou à cause de son insistance à vouloir jouer avec les enfants. Cela ne signifie pas que vous devez l'enfermer dès que vous recevez une visite, car il vous en voudrait. Mais, en cas de nécessité, le mettre dans sa niche et lui offrir un os à moelle vous évitera certains désagréments et vous permettra de maintenir de bonnes relations aussi bien avec votre chien qu'avec vos amis.

Femelle en chaleur, chien crotté vous accompagnant au salon quand le téléphone sonne, chien convalescent à la suite d'une opération chirurgicale, séjours à l'hôtel ou chez des amis, etc.

La liste des situations délicates que vous et votre chien pourriez rencontrer n'est pas close. La niche permet de les éviter. L'important est de ne pas forcer l'animal et de dépasser la sensiblerie qui nous fait considérer une niche comme une prison alors qu'il y trouve sécurité et tranquillité.

O

Obéissance

C'est le devoir de tout propriétaire de chien d'assurer un dressage convenable à son animal. Commencez par assister à une série de séances de dressage dans plusieurs centres. Vous pourrez ainsi comparer et choisir, car s'il y a abondance de clubs canins, peu sont valables. De grands progrès ont été réalisés ces dernières années avec l'application de méthodes fondées sur la récompense plutôt que sur la punition. Celle-ci est encore trop souvent prescrite dans certains clubs. Employée par un bon dresseur, la punition peut sans doute, dans certains cas, s'avérer efficace. En général, venant trop tard après l'acte, la sanction n'apprend pas au chien à mettre fin à un comportement indésirable. Il ne cherchera qu'à éviter la punition. On voit fréquemment dans les clubs un chien se précipiter sur un autre pour faire aussitôt après acte de soumission. C'est parce qu'il est convaincu que la présence d'un autre chien déclenche la colère de son maître. Il estime donc plus prudent de chasser l'animal avant que le maître ne l'ait repéré. Il n'a pas compris que c'est pour son geste qu'il a été puni ; sinon il se serait abstenu.

Dans l'intérêt de tout le monde, il faut lui apprendre d'abord à garder son calme au milieu des autres chiens. Un bon club utilise la désensibilisation avant le cours et intègre peu à peu le chien dans le groupe. Il maintient un effectif raisonnable de sorte que chaque maître bénéficie d'une attention équitable et que les chiens ne se sentent pas perdus, ni ne se mettent sur la défensive.

QUESTION

J'ai assisté à des cours de dressage avec mon pointer dès son sixième mois. Il en a maintenant 18 ; c'est l'élève le plus brillant, il a gagné nombre de compétitions organisées par le club ; pourtant, ailleurs, il reste désobéissant. Il tire sur sa laisse, il refuse de revenir quand je l'appelle et il est insupportable avec les visiteurs. Il veut seulement leur manifester de l'amitié, mais je sais que tout le monde n'aime pas les chiens. Si je l'enferme dans une autre pièce, il aboie comme un fou et gratte la porte. Pourquoi ne se conduit-il pas chez nous comme au club ?

RÉPONSE

Enseigner à un chien le comportement que vous attendez de lui au moyen de mots d'ordre n'est qu'une partie du programme de dressage. Le chien gardant un puissant instinct propre à la meute, si vous accordez à votre chien des privilèges trop importants chez vous, il estimera que vous n'avez aucun droit de commander. Ne le laissez pas faire : ni vous précéder à la porte ou dans le couloir ; ni occuper votre lit ou vos fauteuils. Ne le nourrissez pas avant vous ; ne le laissez pas quémander à votre table. Sans y prendre garde, en attribuant à votre chien ce rang, vous perdez le droit de le dominer. Il peut vous obéir au club canin, où il n'a pas d'autre choix.

Le rang implique aussi des responsabilités, dont celle de conduire la meute. Voilà pourquoi il tire sur sa laisse ; c'est son rôle de marcher en tête, de maintenir la meute groupée : ce n'est pas le vôtre. Il ne revient pas vers vous quand vous l'appelez car il défend son territoire. S'il est si agaçant avec vos visiteurs, ce n'est pas pour leur manifester de l'amitié ; il les perçoit comme des intrus sur son territoire. Voilà pourquoi il se plaint si fort quand vous l'enfermez.
Ces problèmes n'ont rien à voir avec le dressage, ce sont des problèmes relationnels. Si vous adoptez l'attitude qui convient et que votre chien vous considère comme le chef, le dressage auquel vous l'avez soumis portera ses fruits. Si c'est à vous-même que vous accordez les privilèges du rang, tout rentrera dans l'ordre.

Os

La plupart des maîtres semblent penser que leurs chiens ont besoin d'os. C'est faux s'ils ont une alimentation équilibrée, indispensable… Assurément, un grand nombre de chiens apprécient un bon os à moelle. Si c'est le cas du vôtre et si on peut l'approcher pendant qu'il le mange, alors n'hésitez pas à lui en donner. Il va sans dire qu'un os peut se briser en éclats, aussi évitez les petits os comme ceux du lapin ou du poulet. On pense également qu'un os permet au chien de nettoyer ses dents ; utilisez plutôt des dentifrices antitartre pour les chiens, que votre vétérinaire vous conseillera.

QUESTION

J'ai un golden retriever de 15 mois, qui est un véritable amour. Aussi ai-je été déconcerté par son attitude lorsque je lui ai donné un os. Il l'a aussitôt emporté dans sa couche, ne laissant personne s'en approcher. Il a fallu que quelqu'un frappe à la porte pour qu'il le lâche. Nous le lui avons enlevé tandis qu'il se précipitait dans l'entrée. Toute la journée, il s'est montré extrêmement agressif envers quiconque approchait de sa couche. Que faire ?

RÉPONSE

Ne lui donnez plus d'os. Il n'en a pas besoin et le comportement que vous lui avez vu n'est pas rare chez le chien. Un os est en effet pour lui un aliment qui ne peut être consommé tout de suite, contrairement à sa pâtée : tous doivent comprendre qu'il a bien l'intention de le garder. Un os à moelle frais est autrement plus délicieux que des conserves, et il le défendra plus farouchement ! Un os a par ailleurs l'avantage d'être transportable, ce qui n'est pas le cas de son écuelle. Il constitue pour le chien une réserve de nourriture qui nécessite d'être conservée dans un endroit sûr. Voilà pourquoi votre cher compagnon continuait à protéger sa couche, comme s'il avait enfoui là son os.

Si un os peut déclencher chez votre chien une réaction aussi primitive, au point qu'il en devienne dangereux, évitez qu'une telle situation ne se reproduise. S'il en dénichait un, posez-vous cette question : Son alimentation est-elle équilibrée ? Un chien correctement nourri n'a pas besoin d'ajouter à sa nourriture de tels trophées...

P

Pension

Si vous envisagez de mettre votre chien en pension, allez toujours voir avant de réserver ! Le maître qui projette des vacances exotiques à des milliers de kilomètres ne pourrait-il pas en faire cinquante de plus pour que son chien soit bien traité en son absence ? Toute pension pour animaux devrait être synonyme de qualité. Mais les normes exigées dans ce type d'établissements ne sont pas très rigoureuses... Une pension doit recevoir convenablement un animal, maintenant habitué à vivre dans le confort ; les locaux doivent être chauffés, les boxes individuels abrités et surtout nettoyés régulièrement. Malheureusement, nous ne pouvons obliger les propriétaires des chenils à sortir les chiens pour qu'ils puissent courir ! Les vétérinaires connaissent les bonnes adresses. Renseignez-vous précisément.

QUESTION

J'envisage de mettre mon chien en pension pour la première fois. J'ai entendu dire le plus grand bien d'un chenil, que j'ai aussi visité, ce qui m'a rassuré ! Le problème est que mon chien m'est très attaché et que je ne suis pas sûr qu'il supportera la séparation. Quels conseils faciliteraient son adaptation ?

RÉPONSE

Les chiens, en général, s'adaptent facilement. Vous serez peut-être surpris d'apprendre que, tandis que vous vous faisiez du souci pour lui, votre chien se passait très bien de vous. J'ai pu constater que les chiens qui arrivaient dans une pension avec une quantité d'objets leur rappelant leur maison (couverture, couche, jouets, vieux chaussons) avaient tendance à s'accrocher à ces objets familiers et mettaient plus longtemps à s'adapter à leur nouvel environnement que des chiens arrivant sans bagages. Sachant que vous l'avez placé dans une bonne pension, partez l'âme en paix et profitez de vos vacances. Avant votre départ, n'essayez pas de vous faire pardonner en le couvrant de caresses, et à votre retour, ne vous excusez pas !

Possession (instinct de) et jeu

L'apprentissage des chiens se fait par le jeu et le plaisir qu'il leur procure. Les jeux des chiots visent à développer les aptitudes requises pour la chasse, à laquelle ils s'initient en se poursuivant et en se battant entre eux. Ils se livrent aussi à des jeux de lutte et de compétition. Le vainqueur est celui qui arrive à s'emparer de l'enjeu : bâton ou chaussette. Invariablement, il l'emporte sur sa couche ou dans un coin de la pièce ou du jardin qu'il affectionne particulièrement. Parfois, il se cache sous la table ou sous votre lit pour mieux profiter de son trophée. Plus il gagne, plus il s'accorde d'importance. Les chiens qui ont beaucoup de jouets à leur disposition se considèrent comme les propriétaires des lieux, du jardin ou de la maison, selon l'endroit où ils les entreposent. Un chien peut posséder beaucoup de jouets sans poser de problèmes. Mais pour ceux qui en posent, c'est toujours sur le lieu de stockage de leurs trophées qu'ils montrent l'attitude la plus dominante et affichent le pire comportement. Un maître ne devrait pas laisser gagner un chien prédisposé à la dominance quand il se livre avec lui à des jeux de compétition. Notre conception du sport olympique : « L'important, ce n'est pas de gagner, mais de participer... » ferait rire toute l'espèce canine. Les chiens ne jouent que pour gagner ! Beaucoup de mes clients croient à tort qu'ils sortent vainqueurs de ces jeux de lutte ou de ces épreuves de force. Quand je leur demande ce qu'ils font du jouet servant d'enjeu après avoir réussi à l'extraire de la gueule du chien, ils me répondent invariablement qu'ils le lui lancent ou le laissent tomber sur le sol. Je leur fais alors remarquer que, le chien ayant emporté le trophée, c'est lui le gagnant.

QUESTION

Je commence à croire que mon chien est kleptomane. Bien qu'il possède une quantité de jouets à lui, il joue rarement avec, préférant me voler mes affaires : chaussettes, gants, porte-monnaie, sous-vêtements... Dès que je pose un objet à sa portée, il s'en empare. Si j'essaie de le lui enlever, il se met à grogner et le serre plus fort entre ses dents. Le seul moyen de récupérer mon bien, c'est d'attendre qu'il l'emporte sur sa couche ; je le distrais alors en lui donnant une friandise tandis que quelqu'un reprend l'objet. Pourquoi ce comportement, et comment y mettre fin ?

RÉPONSE

Ce comportement est l'affirmation de son rang. Avant de chercher quel est le meilleur moyen d'y mettre fin, il faut vous demander pourquoi il choisit de prendre ce qui est à vous, alors qu'il a tant de choses à lui. Votre chien a probablement remarqué que personne ne fait attention à lui quand il prend l'un de ses jouets, qui n'ont d'intérêt que s'il peut les gagner lors d'un jeu. En s'emparant d'un objet important pour vous, il vous oblige à jouer. Les affaires qu'il vous vole sont donc à ses yeux des trophées et lorsque vous essayez de les lui retirer, il grogne pour que vous cédiez. Il serait sage que vous reconnaissiez votre défaite, car les mâchoires du chien ont une rapidité de préhension quatre fois supérieure à celle de nos mains ! Il a appris à être kleptomane la première fois où il vous a pris un objet. En réagissant immédiatement, vous êtes entré dans le jeu de dominance qu'il avait initié. Plus il gagne, plus il devient agressif, surtout si sa victoire est récompensée d'une friandise.

Ce qu'il faut, c'est renverser les rôles. Enlevez-lui tous ses jouets, non au cours d'une partie mais en son absence. Le priver de l'abondance de ses richesses, privilèges de son rang, est la première étape pour régler le problème. Choisissez parmi ses jouets celui que vous lui attribuerez comme récompense quand il agira comme vous le voulez. Attachez à son collier une corde vous permettant de l'écarter, au lieu de lui retirer l'objet. S'il essaie de garder l'objet comme trophée, vous pouvez ainsi le lui subtiliser jusqu'à ce que vous décidiez à nouveau d'en faire une récompense. Pendant quelques jours, laissez à des endroits stratégiques des objets piégés, dissuasifs par leur goût ou le bruit qu'ils font. Chaque fois qu'il essaiera d'en prendre un, cela lui sera désagréable et il le lâchera. Vous l'en écarterez alors doucement et vous vous en emparerez à sa place. Vous remporterez ainsi tous les défis qu'il vous lancera. Plus vous gagnerez, moins il aura envie de ce jeu, et sa kleptomanie sera progressivement maîtrisée.

Poursuite

Tous les propriétaires de chiens connaissent la force de leur instinct de poursuite ! Avant de chercher à corriger ce comportement chez votre chien, posez-vous deux questions : La poursuite est-elle pour lui un simple plaisir ? Ou y met-il une intention prédatrice ?
Si la poursuite n'est pour lui qu'un jeu dont il tire du plaisir, il vous suffira de canaliser ce plaisir vers un objet qui soit acceptable. Par exemple, un chien qui a pour manie de poursuivre les patineurs ou les coureurs peut aimer jouer à la balle. Il faudra alors substituer le plaisir qu'il tire d'un jeu de balle à celui qu'il prend à cette poursuite.
S'il a des intentions prédatrices, interrogez-vous… Pouvez-vous éviter qu'il y ait des victimes, par exemple des animaux de ferme ? Un dressage pourrait-il alors résoudre le problème ? Seriez-vous prêt à mener jusqu'au bout une thérapie ou envisagez-vous de faire piquer votre chien ?
Le chien qui fait de la poursuite un jeu aime que vous lui jetiez son jouet favori. En jouant ainsi avec lui pendant que vous le promenez, notamment lorsqu'un patineur est en vue, vous lui permettez d'assouvir son

instinct de poursuite. Limitez ces jeux à l'extérieur tout en menant de front une thérapie d'aversion pour le détourner d'autres objets de poursuite, et vous réglerez rapidement le problème.

Les chiens aux instincts de prédateur peuvent aussi être guéris par ces méthodes, à condition que l'on n'encourage pas leur instinct de poursuite. Ces chiens-là ne savent pas jouer avec une balle ni avec aucun autre objet, ils les détruisent. Si vous craignez d'avoir ce genre de problème avec votre chien, posez-vous la question suivante : Si je lui jette une balle, pourrai-je l'arrêter dans sa poursuite avant qu'il l'atteigne ? Si la réponse est « non », vous ne pourrez empêcher votre chien de s'en prendre aux moutons. Il faut à tout prix modifier son comportement, en le récompensant cette fois s'il ne bouge pas. Comme l'instinct de prédateur est lié à la nourriture, celle-ci sera sa récompense. Dès que le chien, pourvu d'une laisse extensible, s'élance après la balle, produisez le son dissuasif. Rappelez-le et récompensez-le quand il retourne vers vous. Recommencez jusqu'à ce qu'il le fasse de son plein gré. Le but est que le chien revienne vers vous, quoi que vous lui lanciez. Vous obtiendrez rapidement des résultats en n'utilisant pour commencer qu'un objet, une balle par exemple, et en opérant dans un seul lieu. Puis changez de lieu. Lorsque vous serez parvenu au même résultat, changez à nouveau d'endroit, jusqu'à ce que le chien comprenne que courir après ce qui bouge lui vaudra un désagrément, alors que s'il ne court pas il aura une récompense. Ce n'est qu'une fois ce principe bien acquis par l'animal face aux balles, aux bâtons, aux voitures et autres objets que vous pouvez le mettre en présence de moutons. Soyez alors accompagné de quelqu'un qui pratiquera en même temps que vous la dissuasion sonore, afin de renforcer l'aversion. En général, la dissuasion sonore ne vise qu'à rendre désagréables à l'animal certaines de ses actions ; dans ce cas précis, il s'agit de dissuader par la peur le chien de courir après les moutons. Si vous avez réussi par ailleurs à juguler son instinct de poursuite, la dissuasion sonore devrait le détourner définitivement des ovidés. Même si votre chien n'a pas de mauvaises intentions, la prudence commande de ne pas le laisser s'approcher des moutons. La simple vue d'un chien qui court peut provoquer la panique au sein du troupeau. Effrayé, un mouton défonce les clôtures, se jette dans un ravin, s'égare… La peur fait avorter les brebis et les éleveurs subissent d'importantes pertes financières. Un tribunal pourra exiger de faire piquer le chien.

QUESTION

J'ai un bearded collie de 3 ans qui a une affreuse manie : il court après les voitures qui roulent dans notre allée, allant jusqu'à s'attaquer aux pneus. Il n'a encore jamais été blessé, mais il le sera tôt ou tard. Partout ailleurs les voitures le laissent indifférent. Pourquoi se conduit-il ainsi et que faire pour l'en empêcher ?

RÉPONSE

Il y a chez lui un mélange d'instinct territorial et d'instinct de poursuite poussés à l'extrême. Les bearded collies sont connus pour leur habitude de courir après les voitures, les trains, tout ce qui bouge et qui fait du bruit. Il a vraisemblablement libre accès à l'allée, et, comme il peut jouir de cette liberté, il est probable que vous ne le promenez guère.

Si c'est effectivement le cas, sortez-le davantage de façon qu'il puisse se dépenser autrement qu'en courant après les voitures dans votre allée, ce qu'il considère comme un travail. Lui interdire l'allée peut résoudre le problème, mais vous devez surtout le promener régulièrement pour compenser cette restriction de liberté. Vous pouvez recourir au moyen de dissuasion le plus simple : l'eau, en lui en jetant un seau dès qu'il sera à proximité d'une voiture dans l'allée. Renouvelé deux ou trois fois, un tel traitement devrait le dissuader de poursuivre les voitures roulant dans votre allée, à condition que vous lui permettiez de satisfaire son besoin d'activité !

Propreté

La propreté dans la maison est l'une des premières notions qu'un maître essaie d'inculquer à un chiot. Cet apprentissage se fait à un moment où vous cherchez aussi à créer des liens avec lui et il faut veiller à ce que la méthode employée n'ait aucun retentissement sur vos futures relations. Frotter le nez de l'animal dans ses déjections, comme le préconisent les partisans de la manière forte, est à la fois cruel, inefficace et nuisible à vos relations. Ses excréments ne posent pas de problème au chiot, qui évitera simplement de marcher dedans. Le problème surgit à l'arrivée du maître qui, voyant que le chien ne s'est pas retenu, se met en colère. Le chiot fait alors acte de soumission et c'est le début d'un cercle vicieux. Croyant qu'un chien sait distinguer le bien du mal, vous donnez à son attitude une signification de repentir : « Il sait qu'il a mal fait », en supposant que la punition lui servira de leçon. Mais le chiot ne sait pas qu'il a mal fait. Si le processus se repète trop souvent, le chien, de plus en plus anxieux, redoutera le retour du maître et ne contrôlera plus ses sphincters. Alors, le problème s'aggravera. Ceux qui se vantent d'avoir appris à leur chien la propreté par la méthode du « nez dedans » ignorent qu'il serait de lui-même arrivé à ce stade.

Sachant cela, vous aurez seulement besoin d'accélérer le processus. Le système de dressage dit de « la cible » donne d'excellents résultats. Réservez à votre chien un endroit du jardin où vous voulez qu'il aille faire ses besoins, sur un terrain facile à nettoyer. Vous l'y conduirez aux heures où il est susceptible d'avoir envie de se soulager, aux premières heures de la matinée, peu de temps après son repas, ou dès qu'il s'éveille d'un petit somme au cours de la journée. Attendez... Quand il a terminé, récompensez-le en lui offrant une friandise, sur place, et non pas plus tard dans la maison. S'il est allé faire ses besoins ailleurs, il apprendra vite que seule la fréquentation du terrain-cible lui apporte une récompense. Quand vous le surprenez à faire ses besoins dans un autre endroit, saisissez-le en le semonçant d'un sévère : « Sale chien ! » et emmenez-le sur le terrain choisi. Une punition corporelle est inutile, un blâme verbal suffit. Si vous attendez plus de deux secondes après l'acte, ni félicitations ni punition n'auront l'effet souhaité !

QUESTION

Pourquoi mon chien continue-t-il à faire ses besoins dans la maison ? C'est un doberman de 4 ans que nous avons eu jeune chiot, en Afrique du Sud. Il était dans un chenil et, lorsque nous sommes venus nous installer ici, nous avons été obligés de le laisser six mois en quarantaine dans un autre chenil. Je suppose qu'il y a pris l'habitude de se soulager quand il voulait, où il voulait. Malgré nos efforts pour l'en empêcher, il fait là où ça l'arrange, dans notre appartement. Comment lui faire comprendre que c'est dehors qu'il doit aller ?

RÉPONSE

Il y a deux endroits à l'intérieur qu'il n'ira certainement pas souiller : sa couche et le coin où il mange. Vous avez raison de penser que la cause du problème est son enfermement sans surveillance dans un chenil. Pour le rééduquer, il faut que vous preniez conscience de ce qu'il a appris par lui-même, en sachant qu'il a toujours fait ses besoins loin de l'endroit où il mangeait et où il dormait. Il vous faudra créer deux zones distinctes : l'une pour manger et dormir, l'autre réservée à l'exercice. Le meilleur moyen est de l'amener à utiliser une niche d'intérieur. Il aura vite fait de s'y habituer après un aussi long séjour en chenil. À intervalles réguliers, sortez-le de la niche et amenez-le immédiatement dans un lieu où il puisse faire ses besoins. Récompensez-le ensuite par des félicitations et une friandise. Puis ramenez-le chez vous et laissez-le aller et venir, à condition qu'il y ait quelqu'un pour le surveiller. Sinon, laissez-le dans sa niche d'intérieur. Le but est de le faire retomber en enfance et de le rééduquer comme s'il était un chiot. Cet apprentissage ne devrait pas prendre plus d'une semaine et le résultat en vaut la peine.

Punition

La punition n'est pas un moyen de dressage. Employée couramment par les dresseurs encore récemment, elle présente le danger de faire apprendre de mauvais comportements à l'animal. L'exemple du chien qui, lors d'une leçon de dressage, se précipite sur ses congénères, montre la différence existant entre un dressage fondé sur la punition et un programme positif d'éducation par l'encouragement. Il est prouvé que la récompense favorise l'apprentissage, mais elle doit coïncider avec l'acte, à deux secondes près, pour avoir son plein effet. Beaucoup de mes interlocuteurs, quand je leur en parle, se déclarent partisans de cette méthode, sans pour autant l'appliquer ! La nature humaine est ainsi faite que nous privilégions la punition. Pour vous montrer le recours à cette forme de dressage, voici un scénario de mon invention. Votre chien se promène en liberté dans un parc quand, à cinquante mètres, vous le voyez aboyer contre une mère avec son enfant, puis se précipiter sur celui-ci et le mordre. Vous criez : « Viens ici, Igor ! » et il reviendra aussitôt vers vous. Aurez-vous envie de lui dire que c'est un bon chien ? Je crois que vous serez plutôt enclin à le frapper pour le punir de sa dernière action : l'agression de l'enfant. Mais du point de vue du chien, sa dernière action est l'obéissance à votre ordre, et c'est donc de cela que vous le punissez. Si vous le flattez pour être revenu immédiatement à votre appel, la mère pourra se plaindre à la police que vous avez félicité votre chien d'avoir mordu son enfant. Si vous essayez de vous justifier en disant que c'est d'avoir répondu à votre appel que vous l'avez félicité, vous aurez beaucoup de mal à faire accepter cette explication.

Nous nous référons trop souvent à des valeurs humaines dans le dressage, sans comprendre les raisons du comportement animal. Si le chien de mon exemple s'est senti menacé par la mère et l'enfant et qu'il a attaqué le plus faible des deux pour se défendre, ce serait là un comportement normal pour un chien, bien que pour nous inacceptable. Quand, retournant auprès de son maître, à son appel, il reçoit alors une punition, celle-ci aura simplement comme résultat de le faire hésiter à obéir, non de l'empêcher de mordre les enfants ! Nous punissons le chien pour ce qu'il fait de mal, à nos yeux, au lieu de réfléchir et de récompenser ce qu'il fait de bien. Si la punition utilisée, au début d'un dressage, lui fait apprendre de mauvais comportements, ce sera pour le chien non seulement une source de confusion mais aussi de méfiance. *(Voir Propreté.)*

R

Rappel au pied

C'est l'un des apprentissages les plus difficiles, car le chien gagne plus à ne pas répondre à l'appel de son maître qu'à revenir vers lui. S'il n'obéit pas à son ordre, la promenade est prolongée. Elle s'arrête dès qu'il s'exécute et on le ramène alors à la maison. Mais c'est le chef de meute qui en a la responsabilité et si le chien ignore le commandement de son maître, celui-ci doit s'interroger sur ses relations avec l'animal.
Chaque fois qu'un de mes clients se plaint que son chien n'obéit pas, en promenade, à son appel, je lui demande avec quelle rapidité il y répond dans la maison ou au jardin. Il me dit en général n'avoir aucune difficulté, mais lorsque, pendant la consultation, je manifeste le désir de le voir à l'œuvre, le maître doit appeler son chien trois ou quatre fois avant qu'il ne vienne à lui. Je ne prétends pas que mes clients mentent ; en fait, comme la désobéissance de l'animal ne leur pose pas de problème chez eux, ils ne la remarquent pas. Or, pour lui ôter sa laisse à l'extérieur, il faut d'abord que le chien obéisse à la maison !
Cet apprentissage s'effectue dans un enclos fermé, pour commencer. Si l'animal, muni d'une laisse longue, ne répond pas immédiatement à l'ordre donné, on imprime une saccade à sa laisse, non pour le corriger, mais pour renforcer l'ordre. Il faut nourrir le chien

seulement lorsqu'il est revenu vers son maître ; s'il ne prend qu'un repas par jour, il vaut mieux lui donner sa ration quotidienne en deux ou trois fois, à la suite de ses exercices, de façon à accroître son envie de revenir. Lorsque le chien répondra à votre ordre, prenez l'habitude de l'appeler trois ou quatre fois au cours de chaque promenade. Félicitez-le et donnez-lui une friandise, ou jouez avec lui, et laissez-le encore courir un peu, pour que l'appel ne soit pas synonyme de retour à la maison.

QUESTION

Nous avons tout essayé, sans succès, pour apprendre à notre chien à revenir vers nous à notre appel. Nous ne l'avons jamais frappé, mais nous l'avons fait castrer, nous lui avons mis une longue laisse, nous avons emporté sa nourriture en promenade, nous lui avons fait suivre des séances de dressage. Que pouvons-nous tenter d'autre ?

RÉPONSE

Vous avez sans doute entendu parler des recherches sur les réflexes conditionnés d'un savant russe nommé Pavlov. L'une d'entre elles porte sur la salivation du chien. Il a montré qu'en insufflant dans la gueule du chien une poudre de viande juste après le tintement d'une cloche, on peut rapidement l'amener à saliver rien qu'en faisant sonner la cloche. Quel rapport avec le rappel du maître ? Si vous faites acquérir à votre chien ce réflexe conditionné de salivation, vous êtes proche de la solution…

Achetez un sifflet dont le chien n'a encore jamais entendu le son. Donnez-lui de temps en temps une friandise. Prévoyez que sa ration quotidienne de nourriture soit constituée de friandises à répartir en une douzaine de fois. Chacune de ces gratifications sera accompagnée d'un coup de sifflet, de même quand vous lui donnerez le restant de sa nourriture. Ne dites rien. Au bout de quelques jours de ce régime, vous remarquerez que le sifflet produit sur votre chien les effets obtenus par Pavlov. Mettez-vous à siffler quand vous êtes dans la maison et le chien dehors. Le temps qu'il franchisse la porte, il doit baver. Continuez ainsi jusqu'à ce que le rappel devienne un réflexe conditionné. La salivation au coup de sifflet disparaîtra avec la suppression des friandises.

Régime alimentaire

Peu de maîtres prennent en compte l'importance de la nourriture dans les difficultés qu'ils rencontrent avec leurs animaux. J'ai pu constater qu'une alimentation inappropriée pouvait affecter le comportement d'un chien. Je citerai le cas d'un bearded collie du nom d'Arthur devenu soudain, à l'âge de 5 ans, très agressif envers ses maîtres. Ceux-ci avaient modifié l'alimentation du chien qui souffrait d'indigestion ; satisfaits des résultats, ils n'avaient pas fait le lien avec son brusque changement de comportement. Il était clair que ce régime rendait Arthur irritable. De santé fragile, le chien attrapait souvent des virus et on lui avait découvert une allergie au blé. Il souffrait en permanence de flatulence. Si ses selles étaient plus consistantes qu'auparavant, elles sentaient encore très mauvais. Il était extrêmement agité et se grattait fréquemment les oreilles, mordillait ses pattes avec lesquelles il se frottait également les yeux et le museau. Tous ces symptômes réunis indiquaient qu'Arthur digérait mal sa nourriture et qu'il faisait une allergie à un ingrédient contenu dans ses aliments.

J'étudiais alors, en collaboration avec un nutritionniste animalier, les effets de l'alimentation sur le comportement. Arthur me semblant un sujet idéal pour participer à l'enquête que nous menions, je décidai de le soumettre à une thérapie alimentaire de dix jours, avec l'accord de ses maîtres, auxquels nous avons remis, comme à chaque participant, une fiche à remplir en fin de traitement. Nous leur demandions d'y ajouter leurs commentaires sur les changements observés. Remplie dès le deuxième jour, la fiche d'Arthur m'est revenue, accompagnée de cette conclusion : « Il ne fait aucun doute qu'Arthur n'est plus le même depuis que nous avons modifié son alimentation. Il est redevenu le chien sage et affectueux que nous connaissions. Vous nous avez conseillé d'attendre la fin de ce régime de dix jours avant de mettre en application vos conseils pour contrôler le comportement d'Arthur, mais il a déjà tellement changé que cela ne semble même plus nécessaire ! »

Les résultats de cette enquête me confirmèrent que certains problèmes de comportement peuvent généralement être atténués, sinon résolus, par des régimes alimentaires adéquats.

QUESTION

Le soir venu, ma chienne, Honey, un setter de 6 ans, se comporte de façon étrange. Incapable de rester en place, elle court partout dans la maison comme lorsqu'elle était jeune. On m'a suggéré que son excitation pouvait être d'origine alimentaire, mais j'en doute, car je l'ai toujours nourrie de la même manière. Qu'en pensez-vous ?

RÉPONSE

Un chien peut avoir ce genre de conduite quand il est infesté de vers, mais si cela avait été son cas, vous l'auriez remarqué. Ce n'est pas parce que vous l'avez toujours nourrie de la même manière que son alimentation ne doit pas être remise en cause. Il arrive parfois qu'après avoir résisté pendant des années à un allergène, soudain, l'organisme ne puisse plus se défendre. Le fait que votre chienne se comporte ainsi tous les soirs semble indiquer qu'il s'agit d'un problème d'ordre alimentaire. Voici mes recommandations :
Si vous avez pour habitude de la nourrir une fois par jour, donnez-lui sa ration quotidienne en deux fois et notez si vous avez deux périodes d'hyperactivité.
Modifiez son alimentation en demandant conseil à votre vétérinaire. Vous pouvez lui donner 25 % de viande, 25 % de légumes légèrement cuits, en évitant les féculents, et 50 % de riz complet. Si vous prolongez ce régime, faites-lui prendre, en complément, des vitamines et des sels minéraux.

Renforcement

Il y a deux sortes de renforcement : l'un positif, l'autre négatif. Le premier, en conjonction avec un acte, doit accroître la probabilité que cet acte se reproduise. Un renforcement négatif a pour but, au contraire, d'éviter qu'il ne se reproduise. Selon ce que l'on veut obtenir, on peut recourir à ces deux moyens, qu'il s'agisse des animaux ou des êtres humains. Pour faire sauter un obstacle à un chien ou habituer un enfant à aller sur le pot, on obtient de meilleurs résultats en éliminant toute circonstance négative. Les animaux n'ont pas notre capacité de raisonnement, si bien qu'une punition sanctionnant un comportement involontaire ne fait que les embrouiller. Parfois même, si la punition intervient pendant l'acte, elle peut avoir l'effet contraire à celui que nous recherchons !

QUESTION

Mon berger allemand âgé de 2 ans se montre agressif à l'égard des autres chiens quand il est avec moi. Peu lui importe que ce soit un mâle, une femelle ou un chiot. Il se précipite sur le chien dès qu'il l'aperçoit. Si je repère celui-ci avant lui, je donne un coup sec sur son collier étrangleur pour le faire venir à mes pieds. Bien que je sois un solide gaillard, il m'a fait plus d'une fois perdre l'équilibre. Je l'ai envoyé dans un club de dressage et quand je suis allé le rechercher, il courait sans laisse et sans la moindre agressivité au milieu d'un groupe de quatre ou cinq chiens. Le dresseur m'a dit que, promené en laisse dans la ville par le responsable du chenil, il n'avait pas agressé un seul chien. Aucun des moniteurs du club qui l'avaient emmené promener n'avait eu de difficulté. Mon vétérinaire l'a castré, mais cela n'a absolument rien changé... S'agit-il d'une surprotection à mon égard ? Que puis-je faire ?

RÉPONSE

Ce peut être une attitude protectrice et il faudrait renverser les rôles de façon que votre chien considère que la défense du territoire vous revient. *(Voir Renversement de la hiérarchie.)*

Mais je pense plutôt que c'est la manière dont vous avez géré la situation qui a eu la plus grande influence sur le comportement agressif de votre chien. Le fait que ses agressions ne soient pas sélectives (elles visent tous les chiens, quel que soit leur statut), qu'il court librement en compagnie de ses congénères quand vous êtes absent, qu'il ne soit pas violent avec d'autres personnes, tout cela prouve que votre chien n'est pas d'une nature agressive. Son agressivité en votre présence est un comportement acquis, et c'est vous qui le lui avez inculqué ! Mettez-vous à la place de votre animal : chaque fois qu'un chien apparaît à l'horizon, vous tirez sur son collier pour le faire changer de direction, ce qui le fait sans doute souffrir. Vous n'auriez pas agi de cette façon si ce chien n'était pas arrivé, c'est donc la faute de cet importun. Mené en laisse par d'autres que vous, votre berger allemand n'était pas puni, ce qui lui ôtait toute raison d'être agressif.

On peut comprendre la réaction excessive d'un maître à l'égard d'un chien qui se montre agressif. Mais en créant un cercle vicieux, la réaction du maître ajoute aux difficultés. Vous résoudrez le problème en concentrant vos efforts sur deux plans : en manifestant plus de confiance envers votre chien ; en changeant la signification qu'a prise pour lui la présence d'un autre chien, ce qui réduira son agressivité.

Voici comment y parvenir :

◆ Au collier étrangleur substituez un collier large en cuir, qui ne lui fera pas mal.

◆ Au lieu de la laisse courte qui l'entrave, mettez-lui une laisse plus longue qui lui laissera une plus grande liberté de mouvement, ce qui produira un effet calmant.

◆ Mettez-lui provisoirement une muselière souple : il ne blessera personne et cette précaution augmentera votre confiance. Choisissez un type de muselière qui réduit le mouvement des mâchoires et empêche ainsi le chien de mordre, mais n'empêche pas de le nourrir.

◆ Si vous avez l'habitude de le sortir trois fois par jour, répartissez sa ration quotidienne de nourriture en trois parts égales, que vous diviserez plus tard en portions plus petites. Pendant environ une semaine, votre chien ne mangera qu'au cours de ses promenades, ne recevant de vous une portion de nourriture qu'après chaque rencontre avec un congénère.

Attendez qu'il s'élance à la vue d'un autre chien, mais ne tirez pas sur la laisse, pour ne pas lui transmettre votre tension. S'il s'élance, arrêtez-le sans crainte, sachant que son collier ne lui fera pas mal. Ne dites rien de négatif. Rappelez-le doucement vers vous, faites-lui manger une des portions préparées et continuez la promenade. Recommencez jusqu'à ce qu'il ait absorbé le tiers de sa ration journalière ; puis rentrez chez vous, en gardant une portion à la main, au cas où vous rencontreriez un autre chien. On pourrait croire que vous le récompensez chaque fois qu'il se précipite sur d'autres chiens. En réalité, c'est tout le contraire. Du fait que vous ne le punissez ni verbalement ni physiquement, il associera l'apparition d'un autre chien au repas qui la suit. Lors de ces rencontres, quand il se tournera vers vous, vous pourrez supprimer la muselière. Bientôt, vous remplacerez sa ration par une friandise occasionnelle, ou simplement par des félicitations.

Renversement de la hiérarchie

Pour rétrograder le chien après lui avoir attribué un rang trop élevé, il est nécessaire d'établir des règles précises. Ces règles sont présentées sans ordre particulier, car elles sont aussi importantes les unes que les autres. Inutile de les appliquer toutes : dans la plupart des cas, il suffit d'en observer quelques-unes pour que le chien change son rôle dans la maison. Il est préférable de lui imposer ces règles l'une après l'autre, de façon à ne pas le stresser. Il vous faudra deux ou trois jours pour établir la première, mais vous devez persévérer jusqu'à ce qu'il ait vraiment compris, avant de passer à l'étape suivante. Au fur et à mesure qu'il assimile une règle, il devient plus facile d'en édicter une autre.

◆ Faites en sorte de franchir en premier les portes et de le précéder dans les ouvertures étroites. Le moyen le plus simple est de fermer toutes les portes de la maison pendant quelques jours, pour que la liberté de mouvement du chien dépende des portes que vous lui permettez de franchir. Ne lui dites pas : « Reste là ! Assis ! Attends ! » ; ce serait lui demander s'il veut bien que vous passiez le premier. Il doit de lui-même vous accorder les privilèges dus à votre rang et accepter que vous le précédiez. S'il essaie de vous devancer, claquez-lui la porte au nez. Il vous faudra peut-être recommencer quatre ou cinq fois avant qu'il comprenne, mais il ne tardera pas à reculer dès que vous ouvrirez une porte.

◆ Assurez-vous qu'il ne monte pas sur votre lit ou sur vos sièges. Beaucoup de mes clients me disent que leurs chiens ne sont pas autorisés à le faire; mais ils essaient quand même. En revanche, vous devez occuper les lieux où votre chien choisit généralement de dormir. Outre sa couche, il y a d'autres endroits autour de la maison. Dressez-en une liste et vous serez surpris de leur nombre. Refusez-lui l'accès à certains et ne manquez pas de prendre possession des autres.

◆ Mangez avant lui. Changez éventuellement l'heure de son repas de façon qu'il suive le vôtre, ou bien préparez sa nourriture en sa présence, puis asseyez-vous carrément en mangeant un biscuit. Par ce geste, vous signifiez à votre chien que c'est celui qui a le rang le plus élevé qui mange le premier, bénéficiant ainsi des meilleurs morceaux.

◆ Ne le laissez pas occuper les zones stratégiques de la maison. Les portes les plus utilisées, les entrées principales, le haut des escaliers doivent être sous votre contrôle. Il suffira de les lui rendre inaccessibles et même si vous devez, pendant quelques jours, mettre des barrières qui gêneront votre passage, le résultat en vaut la peine.

◆ N'hésitez pas à prendre le chemin le plus court pour aller d'un point à un autre, même si pour cela vous devez déplacer votre chien qui paraît dormir. En lui faisant porter une laisse légère à la maison, vous pouvez l'écarter, lui montrant clairement qu'un inférieur se range sur le passage d'un supérieur.

◆ Interdisez-lui totalement certaines pièces, votre chambre en particulier. Votre chien doit comprendre que vous avez accès à l'ensemble de la maison, alors que lui n'est admis que dans une partie seulement.

◆ Ne lui permettez pas d'attirer votre attention. Les chiens inventent toutes sortes de manèges pour l'obtenir : ils vous poussent le bras pour se faire caresser, font semblant d'avoir besoin de sortir, particulièrement quand vous êtes au téléphone. Tout privilège doit être mérité, ne serait-ce que par l'obéissance à l'ordre : « Assis ! » Réagissez à toutes ses tentatives pour vous solliciter ; posez vos conditions.

◆ Quand votre chien a gagné le privilège d'une caresse, caressez-le lentement sur la tête, le cou et les épaules, sièges de la dominance. Observez en liberté deux chiens dominants ; vous verrez que le chien le plus dominant mettra son menton ou sa patte sur le cou et les épaules de l'autre. Ne vous laissez pas prendre à ses astuces ; qu'il pose une patte sur votre bras ou s'allonge sur le dos, il cherche à ce que vous lui frottiez la poitrine.

◆ Retirez-lui tous ses jouets et ses biens. Choisissez-en un, que vous lui donnerez quand vous le déciderez. Mais encore faut-il qu'il le mérite en obéissant à un ordre. Reprenez ensuite l'objet et gardez-le jusqu'à ce que vous souhaitiez le lui rendre.

◆ Accordez-lui seulement cinq minutes pour manger. Ce sont les chiens dominants qui ont l'habitude de laisser traîner leur nourriture, comme pour faire étalage de leur rang et signifier : « C'est mon repas et je sais que personne n'y touchera. »

- Faites en sorte qu'il vous salue le premier le matin, et non l'inverse. Je suis surpris par le nombre de possesseurs de chiens dominants qui inversent ainsi les rôles sans s'en rendre compte. C'est à l'inférieur de venir saluer son supérieur.
- Vous augmenterez considérablement votre pouvoir sur votre chien par des séances régulières d'apprentissage de l'obéissance. Même si elles ne durent que cinq ou dix minutes, mettez-lui une laisse et un collier.

S

Sauts

La majorité de mes clients se plaignent que leur chien saute sur les gens. Ils ne voient pas que c'est là un exutoire pour l'animal. N'arrivant pas à retenir le chien le temps qu'il se calme, ils l'enferment avant de faire entrer quelqu'un chez eux. Agir ainsi, c'est nier l'une des principales fonctions du chien : celle de gardien. Quelle meilleure dissuasion pour un individu malintentionné qui frappe à votre porte que d'apercevoir, lorsque vous lui ouvrez, votre chien assis à vos côtés dans l'attente de vos ordres ?
On situe généralement l'origine du problème dans les premières semaines de vie du chiot, époque où maître et visiteurs toléraient ses exubérances. Si le chiot manifeste ainsi sa joie au retour de son maître, ce comportement, qui vise également à obtenir de la nourriture, se transforme chez le chien adulte en manifestation de dominance.

QUESTION
Nous avons tout essayé, sans aucun résultat, pour que notre chien ne saute plus sur les visiteurs. Maintenant, nous l'enfermons simplement dans une pièce ; mais alors, il ne cesse d'aboyer et de gratter à la porte. Comment l'en empêcher ?

RÉPONSE

Apprenez-lui à rester assis. Un chien ne peut pas sauter s'il a le derrière sur le sol. Vous allez penser que je plaisante. Pas du tout ! Une erreur commune est d'essayer de maîtriser ce comportement par des apostrophes uniquement négatives : « Sale chien, arrête ! » On ne dit à l'animal que ce qu'il ne doit pas faire, mais non ce qu'il doit faire. Je vous conseille de recourir, à chaque velléité de saut, à l'une des techniques de dissuasion sonore, en donnant aussitôt après l'ordre : « Assis ! » Offrez-lui une friandise pour l'encourager dans ce comportement. Si vous la tenez à bout de bras, il faudra qu'il soit idiot pour sauter sur vous. Apprenez-lui à vous accueillir calmement... *(Voir Hyperactivité.)*

Sensibilité

Autrefois, on dressait un chien sans prendre en compte sa race. L'instructeur se tenait au milieu de la salle, criant les mêmes consignes à tout un groupe de clients venus avec des animaux aussi différents qu'un chien de compagnie, de chasse ou de garde. Plus hardis, les gros chiens comme les rottweillers et les dobermans supportaient probablement mieux les éclats de voix, le bruit, les secousses sur leur cou pour régler leur marche que les caniches nains, d'une nature plus sensible.

On peut distinguer plusieurs catégories de sensibilité ; tactile, auditive, visuelle, mentale. Les maîtres doivent être conscients de la sensibilité particulière de leur animal. Ainsi, le colley est connu pour sa grande sensibilité visuelle qui le rend capable de percevoir le moindre mouvement et d'y réagir ; très réceptif, il donne l'impression d'anticiper les consignes. Les chiens destinés à la chasse comme les terriers ont une sensibilité plus tactile. Si la sensibilité du chien varie donc selon les races, chaque chien a de surcroît une sensibilité propre ; prétendre dresser tous les chiens à l'aide d'un collier étrangleur, c'est nier la diversité de ce qu'ils perçoivent.

Si le maître ne se sent pas à l'aise dans un groupe, cela affectera la faculté d'apprentissage de son chien s'il est particulièrement réceptif. Pour réussir le dressage d'un chien, le maître comme le professionnel doivent savoir évaluer ces différentes sensibilités et utiliser des techniques qui les prennent en compte.

QUESTION

Pourquoi mon chien court-il se cacher chaque fois que je veux lui mettre sa laisse pour sortir ? Dehors, il se montre heureux de se promener, surtout si je lui ôte sa laisse, mais après c'est toute une histoire pour l'attraper et le ramener à la maison. Tous mes autres chiens étaient fous de joie quand je prenais leur laisse. Je ne comprends pas pourquoi celui-ci se comporte différemment. En avez-vous une idée ?

RÉPONSE

Votre chien n'aime pas le collier étrangleur. Vous remarquerez qu'il tourne la tête d'un côté et de l'autre quand, après l'avoir attrapé, vous essayez de le lui passer. Je sais que cet ustensile est devenu l'instrument standard pour dresser les chiens, mais lorsqu'on en arrive au point où l'animal, amateur de promenades, s'enfuit pour échapper à la laisse, il est temps de s'interroger. Beaucoup de maîtres vivent avec ce problème... Ils s'en accommodent, trouvant toujours le chien caché au même endroit au moment des sorties. Tous les cas de ce genre ont comme dénominateur commun un collier étrangleur et un chien d'une grande sensibilité tactile.

Je vous invite à découvrir le degré de sensibilité tactile de votre chien. Faites-le asseoir en face de vous, levez sa patte avant ; avec votre pouce et votre index, pincez sa peau entre ses orteils. En comptant de un à dix, accentuez la pression. Le but est de tester la rapidité de réaction de votre chien, non de lui faire mal. C'est aux environs de sept à huit que la plupart des chiens poussent un petit gémissement et retirent leur patte. Si vous lui arrachez un gémissement entre trois et quatre, je vous conseille vivement de jeter le collier étrangleur. Un collier de cuir ordinaire fera parfaitement l'affaire ; habitué à le porter en permanence, votre chien manifestera son empressement et sa joie chaque fois que vous prendrez sa laisse pour le sortir. Peut-être lui faudra-t-il quelques jours pour surmonter son appréhension, mais la patience finit toujours par porter ses fruits...

Socialisation

Au moment du choix d'un chiot, il est important de prendre en considération le tempérament de la mère et du père dont les gènes vont déterminer le futur adulte. On peut cependant perdre le bénéfice de cette vigilance si on ne socialise pas à temps l'animal.

Tous les êtres vivants connaissent une période cruciale de développement, qui, chez les chiens, se situe entre 7 et 20 semaines. C'est à cette époque qu'ils doivent apprendre tout ce qui a trait à la vie domestique. Si le chiot est exposé, dans des conditions gratifiantes, à toutes sortes de stimuli — enfants, circulation, autres chiens, visiteurs, vétérinaires —, il va vite prendre de l'assurance. Après 20 semaines, il sera beaucoup plus difficile de lui donner confiance dans un environnement que l'on n'aura pas su lui rendre familier.
Malheureusement, nous avons l'habitude d'enfermer nos chiens jusqu'à ce qu'ils aient eu tous leurs vaccins. C'est ainsi qu'un grand nombre d'entre eux, trop longtemps maintenus dans l'isolement sécurisant de nos foyers, entrent trop tard dans cette phase de socialisation. Certains ne la connaissent même jamais : ils deviendront généralement des chiens à problèmes. Bien sûr, il est important de protéger nos chiots contre les maladies mortelles (parvovirose, maladie de Carré, hépatite contagieuse, typhus...), mais nous devons trouver une juste mesure entre le risque de les exposer à une infection et celui d'entraver leur développement comportemental. Les associations qui forment les chiens-guides d'aveugles portent leurs recherches, depuis des années, sur les effets d'une socialisation précoce. C'est à l'âge de 6 semaines que l'on met ces chiots en contact avec le vaste monde afin de leur faire rencontrer toutes sortes de gens. On ne les laisse pas courir librement dans un jardin public et on ne les emmène pas dans des lieux où le risque d'infection canine est important, mais on les expose très tôt à la socialisation.

QUESTION

Je compte prendre un chiot, mais je ne veux pas qu'en grandissant il devienne, comme mon dernier chien, très agressif envers les gens et les autres chiens. J'ai lu que le mieux est de le sortir et de l'emmener un peu partout le plus tôt possible. Malheureusement, le club canin situé près de chez moi n'accepte les chiens qu'à partir de l'âge de 6 mois. Est-ce trop tard pour entamer une socialisation avec d'autres chiens ?

RÉPONSE

Beaucoup de clubs canins s'en tiennent encore à cette règle des 6 mois. Quand je leur demande pourquoi, je m'aperçois qu'ils ne le savent pas vraiment. Certains disent que l'on ne connaît pas réellement les problèmes de son chien avant cet âge ; d'autres prétendent qu'un chien n'est pas capable d'apprentissage avant d'avoir 6 mois. En fait, le cerveau des chiens commence à fonctionner entre 7 et 8 semaines. Ils n'ont peut-être pas une endurance et une capacité de concentration très longues, mais ils sont capables d'apprendre. Si nous ne nous mettons pas alors à leur enseigner ce que nous voulons, ils risquent d'apprendre d'eux-mêmes tout ce que nous ne voulons pas qu'ils apprennent ! Et quand ils arrivent à l'âge de 6 mois, nous devons corriger les mauvaises habitudes que nous leur avons laissé prendre, en ne mettant pas à profit les capacités d'apprentissage du chien dans cette période essentielle de sa vie.

Un nombre croissant de dresseurs reconnaissent l'importance d'un apprentissage précoce et dirigent des « jardins d'enfants pour chiots ». Ils les prennent entre 12 et 18 semaines : à 12 semaines, un chien est vacciné ; 18 semaines est un âge de transition. Dans ces cours, se côtoient des chiens de toutes races ; les plus gros apprennent à ne pas effrayer les plus petits, qui surmontent leur peur des plus gros. La famille est invitée à assister aux séances de dressage et à participer aux exercices de base où l'on enseigne à l'animal à répondre aux ordres « Assis ! », « Couché ! » « Au pied ! ».

QUESTION

Ma chienne de 3 ans, très affectueuse, a soudain adopté une attitude très bizarre. Elle est grognonne sur sa couche ; elle gronde quand nous nous approchons de son écuelle ; elle creuse des trous dans le jardin et y transporte des pots de fleurs en plastique. Si elle s'empare d'un journal, elle le met en pièces ; elle gratte derrière un des fauteuils du salon ou dans un coin de la salle à manger.

RÉPONSE

Sans aucun doute, il s'agit d'une grossesse nerveuse. Elle vient certainement d'avoir ses chaleurs et je suppose qu'elle n'est pas pleine ; mais les modifications hormonales qu'elle a subies lui font croire qu'elle l'est, ou l'a été. Si vous regardez bien, vous verrez qu'elle a une montée de lait. Si elle défend contre vous sa couche et sa nourriture, c'est une attitude de dominance. Creuser des trous dans le jardin, c'est le comportement spécifique de l'animal qui construit un abri pour ses petits, de même que gratter le tapis et déchirer du papier. Elle considère les pots de fleurs comme ses chiots, alors que d'autres chiennes s'attachent à une pantoufle ou à l'un de leurs jouets. Dans pareil cas, il est souvent conseillé de ne pas intervenir ; ces symptômes disparaissent d'eux-mêmes. Mais il est triste de laisser sans aide, pendant cette période difficile, des femelles qui ont un tel instinct maternel. Il est possible de la soulager par un traitement hormonal que vous prescrira votre vétérinaire. Si vous ne voulez pas qu'elle ait des petits, je vous conseille pour sa santé psychique de la faire stériliser.

Soumission

Voici une anecdote qui montre comment résoudre un problème de soumission chez un chien adulte. Il s'agit d'un golden retriever mâle de 2 ans, dont les maîtres se plaignaient qu'il urinait à leur retour. Il me fallut quelques secondes pour reconnaître le comportement classique d'un chien soumis, plus longtemps pour convaincre les propriétaires de l'animal, des gens très sûrs d'eux, que c'était une réaction involontaire et normale chez un chien en présence d'un être plus dominant que lui. Contrairement à ce que l'on pourrait croire, c'étaient des maîtres attentifs qui adoraient leur chien ; mais ils n'arrivaient pas à comprendre pourquoi il se comportait ainsi et recommençait alors qu'il savait que c'était mal selon eux.

Une fois le malentendu éclairci, je proposai pour résoudre rapidement le problème le programme suivant. J'invitai les maîtres à ne pas s'occuper immédiatement du chien quand ils ouvraient la porte, mais à aller dans le jardin et à l'appeler pour qu'il les rejoigne. De cette façon, ils ne se présentaient pas dans une position de dominance frontale, mais l'animal les voyait de dos, dans une attitude plus humble ; s'il urinait, c'était dehors, non dans la maison, ce qui portait moins à conséquence. Je leur conseillai également, au lieu de caresser le chien à leur retour, de le faire asseoir pour lui donner une friandise, de façon à le détourner de son obsession. D'autre part, ayant appris très jeune comme la majorité des chiens à adopter la position assise, associée à une récompense, notre animal, en pareille circonstance, montrait de l'assurance. Mon objectif était de développer cette assurance tout en changeant le rituel de l'accueil. Pour aider le chien à s'affirmer, je suggérai aux maîtres de pratiquer avec lui des jeux de compétition. Je leur signalai qu'il commencerait par refuser de jouer, convaincu de perdre. Ils devaient donc persévérer et, à la première tentative de l'animal pour s'emparer du chiffon ou du jouet, le lui céder. Au bout de quelques jours, ils m'annoncèrent que le chien se livrait maintenant volontiers à ces jeux, qu'il avait nettement changé d'attitude et se promenait même dans la maison avec un petit air fanfaron. Il urinait également beaucoup moins. Ses maîtres étaient, bien sûr, ravis de tels progrès, mais leur plus grande satisfaction était de mieux comprendre leur chien.

Stress

S'il est médicalement admis que le stress est chez nous une cause majeure de maladies psychosomatiques et psychiques, qu'en est-il chez le chien ? Nous pourrions considérer comme craintifs des chiens qui, amenés pour la première fois au club canin, se mettent à baver, les oreilles couchées en arrière, la queue basse, laissant des empreintes de pattes suantes sur le sol, urinant parfois. Trop souvent, malheureusement, les maîtres s'entendent dire que leurs chiens s'habitueront. Ce que nous ne voyons pas, c'est qu'un temps prolongé dans un environnement effrayant épuise les réserves de résistance et les capacités d'adaptation du chien. Il me paraît inutile d'exposer nos chiens à des situations pénibles s'il nous est possible de les éviter. S'ils sont stressés au club, ils sont incapables d'apprendre. En leur faisant donner des leçons particulières par un bon dresseur, nous supprimons le stress et pouvons leur enseigner ce que nous voulons qu'ils apprennent.

Ce type de réaction est appelé stress négatif, et il ne se manifeste pas que dans les clubs. On l'observe aussi dans la salle d'attente du vétérinaire, où il se traduit par une perte de poils et, dans le cas de mon akita inu, par des tremblements et des tentatives de fuite chaque fois que la porte s'ouvre. Si les visites chez le vétérinaire, ponctuelles, n'affectent pas le chien de manière durable, il en sera autrement d'un environnement stressant dans lequel l'animal baigne au quotidien. Scènes de ménage, turbulence de jeunes enfants..., telles sont les principales causes des problèmes de comportement canin.

Les chiens stressés ont plusieurs façons de réagir. Vous avez remarqué que votre chien cherche à se cacher quand une dispute éclate chez vous ; c'est là une attitude normale. Chez certains chiens, les disputes provoquent même une grande agitation ; on a l'impression qu'ils essaient de se poser en arbitre ; c'est à mes yeux une réaction positive qui n'engendrera de problèmes que si les disputes se reproduisent trop souvent. Ce type de manifestation passe à tort pour de la désobéissance dans le milieu des clubs canins. L'animal, apparemment bien adapté, se conduit soudain comme un chiot hyperactif quand son maître cherche à lui faire faire quelque chose qu'il ne semble pas comprendre. Le maître se met en colère et le chien devient comme fou. Il arrive que certains chiens introvertis s'automutilent sous l'effet du stress. Se gratter, se lécher, se mordiller les pattes ou les flancs sont des manifestations courantes. On doit d'abord se demander s'il ne s'agit pas de réels symptômes de maladie et c'est seulement si nous constatons que ces comportements sont associés à des circonstances précises que nous pouvons avancer l'hypothèse d'une réaction au stress.

Les chiens, comme nous, sont régulièrement soumis à des situations stressantes. Je donne des consultations à deux endroits différents, dans mon cabinet et dans une clinique vétérinaire, ce qui permet d'apprécier la différence de comportement des chiens selon leur environnement.

Dans mon cabinet, cadre plus intime que la clinique vétérinaire, ce sont les maîtres, au début de la consultation, qui se montrent les plus tendus. Les chiens de type dominant ont une conduite qualifiée souvent d'hyperactive ; si je leur offre de la nourriture, ils me l'arrachent des mains. La raison de cette attitude, c'est que le chien, craignant pour la sécurité de la meute, ressent le besoin d'un chef pour la défendre. S'il endosse ce rôle sans avoir les capacités génétiques pour l'assumer, il éprouve alors ce que j'appelle un stress de leadership.

Les chiens que j'examine à la clinique vétérinaire sont différents. Là, ce sont les chiens et non les maîtres qui manquent d'assurance. On les voit perdre davantage leurs poils, ils sont sans entrain, complètement passifs. Si je leur offre de la nourriture, en général ils la refusent. Ces deux types de comportement, pourtant si différents, sont des réactions du chien au stress.

T

Téléphone et télévision

Très souvent, c'est au moment où leurs maîtres sont en train de téléphoner que le chien manifeste une subite envie de sortir, aboie furieusement ou cherche à jouer, de préférence avec un objet qui lui est interdit, chaussure ou vêtement. La sonnerie du téléphone rend certains chiens très agressifs. Un autre sujet de plaintes, certes moins fréquent, mais plus répandu qu'on ne le pense, concerne le comportement turbulent des chiens lors de la diffusion de certains programmes de télévision. En fait, presque toujours, l'animal cherche à attirer l'attention. La propreté est sans aucun doute la première chose que nous apprenons à un chiot. Il s'agit d'obtenir de l'animal qu'il se place devant la porte menant au jardin et aboie pour qu'on lui ouvre. Les toutes premières fois que cela se produit, tous les membres de la maisonnée accourent, qu'ils se trouvent dans n'importe quel endroit de la maison au téléphone ou devant la télévision. On félicite vivement le chien et on le fait sortir. Certes, le but recherché est atteint, mais pouvons-nous toujours évaluer ce que l'animal aura appris ?

Vous êtes-vous jamais demandé ce que représente le téléphone pour un chiot ? D'habitude, chaque fois qu'une personne entre dans la pièce où il se trouve, elle lui témoigne son affection, par des caresses ou quelques mots... sauf quand ce sacré téléphone se met à sonner ! Effaré, le chien nous voit nous précipiter, sans lui prêter la moindre attention, pour parler à un stupide morceau de plastique. Ignorant que nous nous adressons à une autre personne au bout du fil, le chiot ne peut être que profondément déconcerté par notre conduite. D'ailleurs, il est intéressant de remarquer qu'un chien qui ne sait pas comment réagir à une situation prend automatiquement la position assise, la première position qu'on lui a apprise.

Généralement, accaparés par notre conversation téléphonique, nous ne le remarquons pas, aussi le chiot va-t-il avoir recours à un comportement qui a déjà fait ses preuves : il s'approche de la porte et commence à gémir. Ça marche à tous les coups ! Aussitôt, après avoir lancé quelques mots au bout de plastique, du genre : « Reste en ligne, le chien veut sortir », nous posons le combiné et venons féliciter l'animal. On entame ici un processus d'acquisition d'un comportement : on récompense une action, ce qui accroît les chances qu'elle se répète. Mes pérégrinations de conférencier m'ont donné l'occasion d'interroger d'innombrables amis des chiens sur le comportement de leur fidèle animal lorsqu'ils téléphonent. Leurs réponses m'ont convaincu que plus de la moitié des chiens de notre pays sont connectés par leur vessie au réseau téléphonique !

Quand nous sommes au téléphone, notre chien s'empare très souvent d'un objet ; s'il s'agit d'un jouet, nous n'y prêtons pas attention, mais nous réagissons s'il s'agit d'un objet interdit. Dans les deux cas, le maître manifeste la même « activité de déplacement », comportement qui traduit la confusion de l'animal devant la bizarre réaction des humains quand se déclenche la sonnerie du téléphone. Par son attitude, il cherche à obtenir satisfaction par compensation.

On m'a demandé — ce n'est pas une plaisanterie — pourquoi certains chiens se montraient particulièrement turbulents pendant la diffusion de séries télévisées comme *Dallas*. Refoulant l'envie de répondre par des sarcasmes, je fis constater que c'est généralement lors d'un programme regardé par toute la famille que cela se produit. En temps ordinaire, chacun dans la maison vaque à ses occupations mais il y a toujours quelqu'un qui peut donner au chien l'attention qu'il recherche. Lorsque toute la famille est réunie devant le petit écran, la demande d'attention du chien est plus importante puisque personne ne s'occupe de lui.

QUESTION

Comment empêcher mon chien d'aboyer quand je téléphone ? Vivant seule avec lui et l'ayant constamment auprès de moi, je suppose qu'il manifeste ainsi sa jalousie quand je parle à quelqu'un d'autre. J'avoue que je ne l'ai guère grondé, car je ne voudrais pas que ses qualités de gardien en soient affectées. Et si je ferme la porte, il la griffe et aboie plus bruyamment encore. Que faire ?

RÉPONSE

Le gronder ne l'empêchera pas d'être un bon chien de garde. Mais ce n'est pas non plus le moyen de résoudre votre problème. Puisque vous vivez seule, il faut récompenser ses qualités de gardien lorsqu'elles s'expriment normalement. Par contre, le caresser pour le calmer lorsque vous téléphonez ne peut que l'encourager à persister dans son comportement, et il en ira de même si vous le grondez. Dans les deux cas, vous lui accordez l'attention qu'il exige de vous. Les chiens veulent avant tout que l'on s'occupe d'eux… que ce soit de la manière douce ou forte ! Comprenez bien qu'il n'est pas jaloux ; ne voyant que vous, il ignore que vous parlez à quelqu'un à l'autre bout du fil. Il remarque simplement que vous le délaissez. La façon de résoudre le problème est de lui supprimer la récompense (votre attention) qu'il obtient par ce comportement inacceptable et une thérapie fondée sur la dissuasion sonore est parfaitement indiquée. Pendant votre conversation téléphonique, vous produirez un son qui lui sera désagréable, que l'animal apprendra à associer à un certain type d'action. L'objectif visé est d'introduire, au moment où le chien cherche à attirer votre attention, un élément désagréable qui met un terme à sa conduite sans que vous ayez à intervenir personnellement. Quand on commence le programme de modification du comportement, il est déconseillé de récompenser le chien à la fin de la conversation téléphonique ; il risque d'anticiper la récompense, ce qui augmenterait son excitation. Le chien doit apprendre à demeurer calme lorsque vous téléphonez. Afin de ne pas avoir à justifier de la bizarrerie de votre conduite si quelqu'un téléphone à l'improviste, convenez, avec une personne proche de votre entourage, un moment où elle pourra vous appeler pour ces conversations bruyantes. *(Voir Dissuasion sonore.)*

Territoire

Des instincts fondamentaux gouvernent le comportement de la plupart des chiens, petits ou gros, quelle que soit leur race, dès qu'il s'agit de marquer et de défendre leur territoire. Beaucoup de problèmes du comportement sont liés à l'instinct territorial. Pour certains chiens, la couche est un territoire suffisant, pour d'autres c'est la maison ; il en est qui annexent également le jardin, une partie de la route devant la maison, ou une zone du parc où ils ont l'habitude de se promener. Les maîtres devront se poser cette question : leur chien considère-t-il qu'il a en charge la défense de son territoire ou leur abandonne-t-il cette tâche ? Cette conception de la responsabilité est la clé de toutes les agressions liées à l'instinct territorial ou à d'autres problèmes qui en découlent. *(Voir Renversement de la hiérarchie.)*
Quand on a affaire à des chiens mus par un instinct territorial très fort, il est facile d'élargir leur horizon. Prenons l'exemple d'un chien qui considère le jardin comme son domaine privé. En le sortant plus souvent, donc en diminuant le temps qu'il passe dans ce jardin, en lui enlevant ses jouets favoris qu'il éparpille dans le jardin, vous pourrez réduire les manifestations de son instinct territorial. Cette façon d'éparpiller ses possessions est pour le chien une forme de marquage du territoire, obtenu non par des émissions d'urine, mais par la dispersion dans des lieux bien précis des objets dont il estime être le propriétaire. Certaines races, comme celles des chiens de garde, sont plus agressives que d'autres car leur instinct territorial est plus développé.

QUESTION

Pourquoi mon cairn-terrier de 3 ans s'en prend-il toujours aux chevilles de nos visiteurs quand ils quittent la maison ? À leur arrivée, et pendant toute la durée de leur visite, il se montre très amical, mais il devient extrêmement agressif dès qu'ils se dirigent vers la porte. Il manifeste la même agressivité quand l'un d'eux parvient à la grille d'entrée du jardin. Si nous le prenons dans nos bras pour laisser le temps aux personnes de sortir, ou que nous essayions de l'enfermer dans une autre pièce, il est parfois également agressif envers nous. Le reste du temps, c'est l'animal le plus doux du monde et il ne nous pose aucun problème. Comment réagir ?

RÉPONSE

Je crois que votre chien défend tout simplement son territoire, qui normalement devrait s'identifier à la maison. Mais, si vous analysez son comportement (agressivité à la porte au moment du départ des visiteurs et à la grille d'entrée), vous remarquerez que dans ces deux cas il s'en prend aux personnes qui pénètrent dans le jardin ; je suis sûr que c'est là qu'il cache ses os, un lieu où il apprécie de passer du temps. Il semble considérer que son rôle est de garder le jardin, vous laissant la responsabilité de garder la maison. Inspectez bien le jardin. Essayez de découvrir ses cachettes. Je ne serais pas étonné que ses objets préférés soient enterrés près de la grille. Ramassez-les en prenant garde qu'il ne s'aperçoive de rien et faites-en un tas à distance de l'endroit où vous les avez trouvés. Au bout d'un moment, vous le verrez probablement remettre chaque objet à sa place. S'il agit ainsi, vous aurez découvert la cause de son étrange comportement. Il va falloir maintenant que vous lui subtilisiez tous ses petits trésors ; désormais ils vous appartiennent, ; à l'occasion, quand vous le jugerez bon, vous pourrez lui en prêter un. Assurez-vous qu'il passe moins de temps dans le jardin et promenez-le davantage. C'est une solution de facilité de laisser un chien livré à lui-même dans un jardin, si grand soit-il. À l'intérieur, mettez-lui une corde de bonne longueur afin de pouvoir le maîtriser au moment où vos visiteurs s'apprêteront à se retirer. Juste avant de partir, ils pourront lui montrer un des objets que vous avez ramassés, lui demander de s'asseoir et le récompenser en lui donnant le jouet. Attendez cinq minutes avant d'en reprendre possession et rangez-le jusqu'à la prochaine visite. Vous pourrez obtenir d'excellents résultats en convenant avec vos amis d'heures régulières de visite, de façon que le chien apprenne que le départ d'un visiteur s'accompagne pour lui d'une récompense.

Tirer sur la laisse

Même si empêcher un chien de tirer sur sa laisse relève du dressage, j'ai remarqué que c'était une des plaintes les plus fréquentes de mes clients. Ce n'est pas le motif prioritaire de leur consultation, souvent un problème secondaire ; il s'agit en général de chiens ayant une attitude dominante et des difficultés de comportement. Je sais par expérience qu'empêcher un chien de tirer sur sa laisse ne réduit pas son attitude de dominance. Mais réduire sa dominance ne l'empê-

che pas non plus de tirer sur sa laisse. Quand on considère que plus de 50 % de mes clients ont assisté à des cours de dressage et que la première chose que l'on apprend à l'animal est de marcher sur les talons de son maître, on peut se demander pourquoi le problème persiste chez la plupart des chiens dominants. La réponse est simple : comprendre le commandement « Au pied ! » n'implique pas nécessairement pour un chien qu'il doive obéir s'il ne reconnaît pas son maître comme le chef.
Pourtant, de toute évidence, rabaisser le chien à un rang inférieur à la maison en lui enlevant tous ses privilèges pour les transférer au maître ne servira à rien si celui-ci permet à l'animal de marcher devant lui en promenade. Le simple fait de mener, au lieu d'être mené, rendra au chien le sentiment de son rang.

QUESTION

Mon chien, un bouvier bernois, a beaucoup de force, et moi pas ! Malgré le dressage, il continue à tirer sur la laisse et il m'entraîne là où il a décidé d'aller. Non seulement je n'ai pas de plaisir à le sortir mais je trouve cela dangereux. J'ai essayé divers colliers ; il se débat chaque fois, et tellement qu'il se fait mal. Que pouvez-vous me conseiller ?

RÉPONSE

Les chiens qui refusent toute forme de pression corporelle sont généralement des animaux dominants. Vous feriez bien d'examiner vos habitudes quotidiennes avec votre chien et de voir si, en fait, vous ne l'encouragez pas à vous conduire. Je vous signale que le collier-laisse est parfaitement toléré par les chiens qui ne supportent pas les autres colliers. On doit d'abord comprendre ce qui se produit lorsqu'un chien tire : il résiste dès qu'on le met en laisse, car une pression entraîne une contre-pression. En peu de temps, le chien apprendra qu'il lui est impossible de tirer et que s'il essaie de vous devancer, le tremblement de ses pattes l'en empêchera.

Toilettage

Que votre chien ait des poils longs ou courts, un toilettage quotidien est indispensable, pour les raisons suivantes : il stimule la peau ; il permet de détecter une éventuelle blessure ou un début de maladie ; il lui procure autant de plaisir que la toilette pour nous ; il nous permet d'établir notre dominance dans la relation. Nous faisons des shampooings au chien, mais en hiver, nous le sortons sans protection naturelle, alors que nous sommes chaudement habillés. Et, curieusement, nous ne pensons à couvrir que les petits chiens !
Dans un environnement non surchauffé, il n'est pas nécessaire de baigner régulièrement un chien si vous le brossez fréquemment, pour stimuler sa peau et son pelage, et si son alimentation est équilibrée. Il vaut mieux éviter de le laver en hiver. Fins et longs, les poils de nos chiens ont tendance à s'emmêler et seul le maître peut y remédier. Un toilettage régulier crée une interdépendance entre l'homme et le chien, soudant leurs liens. Il faut accorder une attention particulière aux

zones socialement importantes : oreilles, haut du cou et garrot, queue et pattes.

QUESTION

J'ai un berger allemand qui déteste être toiletté, au point qu'il en devient agressif. Je suis obligé de l'emmener chez un toiletteur professionnel chez qui, me dit-on, il se laisse faire docilement. Mais je crois qu'on lui met une muselière. Je devrais pouvoir lui donner moi-même ces soins. Comment l'empêcher de mordre et le faire tenir tranquille ?

RÉPONSE

Lorsqu'il était plus jeune, peut-être lui avez-vous fait mal en démêlant ses poils et il appréhende ces séances de toilettage. S'il essaie de vous mordre alors que vous le toilettez et que vous arrêtiez, il aura gagné. Si votre chien est susceptible de mordre, la muselière est une précaution nécessaire que prennent les professionnels. Mais si vous lui mettez une muselière, vous ne résoudrez pas le problème. Il faut que vous désensibilisiez votre chien de façon à l'amener à accepter le toilettage comme quelque chose d'agréable. Après l'avoir fait démêler par un toiletteur professionnel, procurez-vous une muselière. Mettez le chien en laisse pour qu'il ne puisse s'enfuir. Placez votre main sur son ventre, sous la cage thoracique, de façon à pouvoir, s'il se débat, le soulever par l'arrière-train. Brossez-lui le dos une dizaine de fois en ignorant ses protestations. Ne le réprimandez pas, mais félicitez-le s'il reste tranquille. Il faut que vous évitiez de perpétuer la dispute qui s'est instaurée entre vous. Relâchez-le et récompensez-le en lui donnant une friandise ou une partie de sa ration quotidienne de nourriture. Renouvelez régulièrement ces séances jusqu'à ce qu'il y prenne du plaisir, sensible à l'attention que vous lui accordez autant qu'à la récompense qui les suit. N'oubliez pas que l'objectif dans un premier temps n'est pas tellement de le toiletter mais surtout de lui faire accepter le toilettage !

V

Vétérinaire

Si le dressage ne doit pas être négligé, il est encore plus important de comprendre la psychologie de votre compagnon. Certains, partisans de la manière forte, vous recommanderont la « méthode des coups avec un journal roulé » pour ponctuer un refus, ou celle du « nez dedans » pour apprendre à un animal la propreté.

Heureusement, de plus en plus de vétérinaires recommandent des thérapies douces... De nombreux vétérinaires sont tout à fait qualifiés pour proposer à leur clientèle des programmes de modification du comportement, mais leur salle d'attente pleine d'animaux malades ne leur en laisse pas le temps.

Je remercie les vétérinaires ouverts aux idées nouvelles et je forme le vœu que la thérapie comportementale joue à l'avenir un rôle important dans la médecine vétérinaire...

Voiture

Un grand nombre de mes clients canins m'annoncent leur arrivée bien avant que leurs maîtres ne se garent sur mon parking. Je les entends gémir ou aboyer au moindre prétexte : à la vue d'un autre chien, d'une personne, d'une bicyclette, d'une voiture, au bruit du clignotant, ou encore parce que la voiture bouge. Ils arrivent généralement à mon cabinet dans un état d'épuisement, et leurs maîtres ne sont guère plus vaillants. Pourquoi les chiens sont-ils aussi agités en voiture ? Simplement parce que la voiture est pour eux le prélude à un événement excitant. La plupart des familles ont une deuxième voiture, généralement une cinq portes ou un break, pour transporter le chien. On le conduit au parc une ou deux fois par jour, enfermé à l'arrière de la voiture, où on le laisse aller et venir à sa guise. Le chien, qui aura appris à associer un voyage en voiture à une sortie au parc, continuera à s'exciter si on le laisse faire. Il est intéressant de noter que, généralement, les chiens restent calmes si on leur interdit de sauter d'un siège à l'autre.

Il existe différents moyens pour calmer un chien dans une voiture. L'attacher à l'arrière est le plus efficace. Ce n'est pas parce que vous avez une grande voiture qu'il faut lui laisser occuper toute la place. Mettez-lui une laisse d'un mètre environ qui lui permette de s'allonger, de se retourner, mais qui l'empêche de sauter partout, en vous donnant la possibilité de le maîtriser quand vous ouvrirez le hayon. Vous pouvez également vous procurer une cage de voyage que vous recouvrirez d'un drap, de façon qu'il ne puisse rien voir, le mouvement étant chez certains chiens une cause majeure d'excitation.

Changez les habitudes du chien. Pendant une quinzaine de jours, ne le conduisez plus au parc. Ne le prenez avec vous en voiture que pour aller faire vos courses ou pour de courts trajets dans le voisinage et ne le laissez sortir qu'une fois devant chez vous. Votre chien cessera d'associer un trajet en voiture à une promenade au parc.

QUESTION

Ma chienne, Jenny, un yorkshire de 6 mois, ne supporte pas la voiture. Elle ne cesse de gémir et de trembler même lorsque nous sommes à l'arrêt. J'essaie de la rassurer, mais cela ne semble guère donner de résultats. Il y a cependant une légère amélioration ; elle n'est plus malade comme autrefois dès que la voiture démarre. Que puis-je faire pour l'habituer à la voiture ?

RÉPONSE

La persévérance est le meilleur conseil que je puisse vous donner. Le fait qu'elle soit moins malade montre bien qu'elle peut s'habituer. Mais la rassurer quand elle gémit risque au contraire d'aggraver le problème. Par vos mots doux et vos caresses, vous récompensez en effet le comportement indésirable. Ne récompensez que la bonne conduite. Limitez la durée de vos trajets et, à la fin de chacun, emmenez-la courir dans un parc ou donnez-lui une friandise. Vous obtiendrez aussi d'excellents résultats en la nourrissant dans la voiture à l'arrêt.

Achevé d'imprimer en Europe (Allemagne)
le 10 décembre 1999 par Elsnerdruck à Berlin
Dépôt légal : décembre 1999
ISBN : 2-290-07160-9

Éditions J'ai lu
84, rue de Grenelle, 75007 Paris
Diffusion France et étranger : Flammarion